その微差で決まる！

教師の超効率的仕事術

山本東矢 著

学事出版

新任の頃、めちゃくちゃ仕事が遅く、仕事を忘れまくっていた。

「なんでこんなに遅いんだ。もっと仕事を早くする方法はないか」と日々、自問自答していた。

10年経った。だいたい定時退勤である。

「よし、今日もこの仕事ができたら帰れる。いい感じだ。」と感じる日々だ。

なぜ、こんなにも変わったのか。仕事に慣れてきただけではない。

それは、「他の先生に迷惑をかけたくない、定時にしっかりと帰れるように仕事を行いたい」その一心でコツコツと、本や先輩から学んで身につけた「大、中、小、微差の仕事術」を身につけたからに他ならない。

大の仕事術は、テストや宿題処理などの時間がけっこう取られる仕事の対応術であり、一日20分以上の時短が見込める。

中の仕事術は、仕事のこなし方などの時間の使い方に関する仕事の対応術が多く、これは一日10分以上の時短になる。

小の仕事術は、パソコンの使い方やちょっとした工夫で時間が効率化できる仕事の対応術である。これは、一日５分以上の時短になる。

微差の仕事術は、本当に細かい、マニアックな工夫である。一日２分ほどの時短である。

これらを累計するとものすごい時短になる。おそらく、一日40分以上の時短になる。塵も積もれば山となるである。マスターすると間違いなく定時退勤が可能である。

本書は、私の全ての仕事術を紹介している。

ぜひとも活用して、仕事をさくさくと行っていただきたい。

子ども達と向き合う余裕を作ってもらえたらとせつに願う。

山本東矢

目　次

はじめに

第4章　時短のための微差仕事術

第5章　仕事術の心構え

第 1 章

最重要仕事術ベスト10

効果的な宿題の出し方
―子どもの負担も教師の負担も減らそう―

仕事術の**ポイント**

☑ 反復などの簡単な内容にして、宿題の量は少なめにする

☑ 空き時間のあるなしによって、チェックの負担が減る宿題を出そう

☑ 宿題のチェックは効率的に行おう

1 反復などの簡単な内容にして、宿題の量は少なめにする

学力不足を補おうとするための宿題を出すことは勧められない。その場合、学習につまづきのある子どもはやる気を失うことになり、先生自身の丸つけの負担にもなる。内容は簡単で、しかも、子どもに「力がつく」を実感できる宿題にしよう。

> 月①漢字スキルをノートに三段書く。
> 　②算数スキル１ページ（実際は授業中に行い、残りの問題が宿題です）
> 火①テーマ作文（原稿用紙１枚ぐらい）
> 　②音読か暗唱
> 水①漢字スキルをノートに三段書く。
> 　②成長ノート（２〜５行ぐらいの好きなことを書く作文）
> 木①自主勉強１ページ
> 　②算数スキル１ページ
> 金①漢字スキルをノートに三段書く。
> 　②テーマ作文
> ※２年生の６月以降の宿題例。一つだけの日もある。

！ 注意点

①丸つけ、チェックで苦労しない宿題にする。また、コメントは少な目に。
②字や計算、復習プリントなど子どもが宿題の意図を理解しやすいものにする。
③時々内容が楽しめるものを出す（二週間に１回程度）。

宿題が多いと子どもはもちろん、先生にも負担となる。また、保護者も共働きであったり、ほかにも小さい子がいたりと、家庭での状況によって保護者のフォローにも違いがあることも意識しておきたい。

2 空き時間のあるなしによって、チェックの負担が減る宿題を出そう

仕事の平均化を図ろう。例えば、火曜日に空き時間が2時間あれば、月曜の宿題はコメントを返すような手間がかかってもいい宿題を出す。木曜日に空き時間なければ、水曜の宿題は大きな丸つけだけで終わるような、チェックに時間がかからない宿題にする。

【翌日に空き時間がある時の宿題例】

　①漢字スキルをノートに三段書く。

　②テーマ作文

教師のコメントや宿題の処理に時間のかかる作文系のものを出す。

作文のコメントは毎回ではなく、2回に1回程度にする。

【翌日に空き時間がない時の宿題例】

　①漢字スキルをノートに三段書く。

　②算数スキル1ページ（実際は授業中に行い、残りの問題が宿題となる）

漢字スキルは大きな丸をつけるだけで済む内容の宿題にする。算数スキルは授業中に答え合わせができるものを出す。

3 宿題のチェックは効率的に行おう

丸つけの方法には大まかに「①先生自身が丸をつける、②子どもに丸つけさせる」の二通りがある。子どもに解答を復唱させて、丸をつけさせると、宿題チェックをしながらの学習にもなる。

　子どもに解答を復唱させて、丸をつけさせる例

　先生「①番、$6 \times 6 = 36$」

　子ども「$6 \times 6 = 36$」（復唱して、赤鉛筆で丸つけをする）

　先生「②番、$9 \times 7 = 63$」

　子ども「$9 \times 7 = 63$」（同）

復唱をすることで、聞き逃しも防げる。

また、音読をすることで覚えやすくなるので一石二鳥である。

こんなことに注意！　　こんな方法もあります　　＋時短のポイント

学力は宿題ではなく、授業でつけるのを基本と考えよう。宿題は学力が高い子どもには効果があるが、学習につまづきのある子どもや、発達障害のある子どもにはマイナス効果になることがあるので注意が必要だ。

2 学級のトラブル減らしにつながる仕事術

―急なトラブル対応が減れば、仕事がスムーズになる―

仕事術のポイント

- ☑ 公平なシステムを作り、急なトラブル対応を減らそう
- ☑ 授業が楽しく、快適だとわかるとトラブルが減る
- ☑ 承認文化が作られるとトラブルはさらに減る

1 公平なシステムを作り、急なトラブル対応を減らそう

学級をよくすることは考えてみると仕事術的にも重要である。

なぜならトラブル対応の時間が減るからだ。急な仕事を発生させないことは肝要だ。

トラブルがいつも起こるならば、まずはシステムを疑おう。

　例えば、おかわりのシステム。早く食べた人がおかわりをするシステムはいけない。食べるのが早くなっていき、のどをつまらせるかもしれない。しかもゆっくり食べていられない。

　一定の時間が経った後、じゃんけんで公平に決めるのがいい。

　休み時間にボールを持っていく人の順番を決めるシステム。黒板にボールを持っていく人の名前を書き、その子が必ず持って帰るようにするなど、責任の所在がきちんとわかるようにトラブルが生まれにくいシステムを作ろう。

　なお、こういうルールは、始めから決める場合もあるし、トラブルがあった後に子どもと考える場合がある。どちらもいい。

> **! 注意点**
>
> トラブルは多少ある方が健全だし、子どもの成長に必要である。トラブルゼロはむしろよくない。このような考えを持たないと、トラブルを起こす児童を怒りすぎてしまい、逆にトラブルが増える。

2 授業が楽しく、快適だとわかるとトラブルが減る

過ごしている時間が楽しい方がイライラはたまらない。学校で一番長い時間は言わずもがな授業時間である。ただ説明を聞くだけの授業にせずに、隣との話し合いの活動を入れたり、動画視聴の場面を入れたりして、楽しくて暇がない、わかりやすい授業を心がけよう。

授業が楽しく、授業がわかるようにする一つの指導法として、授業の構成をパーツに分けることが大事だ。

その方が活動があって、いろいろなことに集中的に学習できる。例えば、国語の指導パーツを紹介する。

（３年生６月以降の時間配分、学級の状態によって変わる）

１，漢字スキル　　７
２，暗唱　　　　　３　（省略する時あり）
３，音読　　　　　５
４，本時の内容　　27～30
５，感想を書く（学びを書く）　３　＊省略もあり

理科、社会では、導入にフラッシュカードを使うのもいい。「教育技術研究所」で検索をするといいものがある。

③ 承認文化が作られるとトラブルはさらに減る

友だちや人を認めるのが当たり前の文化を作ることで、トラブルは激減する。
先生も子どもも機嫌よく生活できる。人を認める、ほめるを教師がまずは習慣にしよう。
それだけで、学級も子どもも、その学年は平和になっていく。

ハッピーレターという実践がある。B5用紙の半分ぐらいの紙に、相手のよいところを書く実践だ。隣の人に必ず１枚を書き、後は、自由に書かせる。これをするだけで友だちのよいところを見られるようになる。もらった友だちも嬉しいので、お返しの手紙を書く子がたくさんになる。こうしていくと、プラスの循環が生まれる。定期的に行うことで子ども同士でほめる、認める、が当たり前になる。

このようなクラスでは、友だちに対して嫌な事をする子どもが激減するので、トラブル対応に追われなくなる。

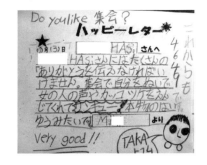

こんなことに注意！　　こんな方法もあります　　〇〇問題のポイント

仕事術だけを優先して、学級をよくしようとすることは危険である。ちょっとした対応に心がこもらず、冷たくなることがあるからだ。効率的な仕事術だけに偏ったり、早く帰りたいがために、クラスをよくしようとすることを目的にしないようにしよう。

一人一当番で教師の仕事を極力減らす

―当番の仕事が網羅されると教師の仕事は自然と減る―

仕事術の**ポイント**

☑ 一人一当番制導入で学級の仕事の漏れを減らそう

☑ 細かく仕事内容を精選し、教師の仕事を減らそう

☑ 定期的に確認し、ほめて、仕事の質を高めよう

1 一人一当番制導入で学級の仕事の漏れを減らそう

一人がひとつの仕事を担当する一人一当番制を導入している。仕事に習熟するようになるし、仕事への責任感が生まれ、人に押し付けることもなくなる。

仕事を精選すれば、教師が動く量も減るので、結果として大きな時短にもなる。

導入の仕方

①趣意説明をする。

　みんなで、一つひとつ協力して、学級の生活を運営します。

　仕事を書いてみました。見てください。

②一人一当番の紙を印刷して配る。

　質問があればどうぞ。

③したい仕事を選ばせる。

④1回戦。したい仕事に手をあげさせる。重なったらじゃんけん。

　負けた人は、2回戦目に手をあげる。

⑤2回戦、3回戦と決めていく。

⑥決まったらその仕事名を呼んで手を挙げさせる。

> **! 注意点**
>
> 　すぐに決まる子はいい。しかし、じゃんけんで負け続ける子がいる。その子が最後のあまりものだけになるのは、なるべく避けたい。そこで、一つ、二つは多めに仕事を用意しておく。

2 細かく仕事内容を精選し、教師の仕事を減らそう

最初の仕事設定が大事である。これが、細かく網羅されていればいるほど、子どもたちで学級を運営していることになる。そして、教師の口出しや手伝いも減っていくことになる。「当番に絶対入れたい仕事ベスト10」の表を参考にしていただければと思う。

当番に絶対に入れたい仕事ベスト10

①配り係　　　　　　複数人

②秘書さん　　　　　複数人

③宿題チェック係

④タブレット、パソコン等係

⑤体育係　　　　　　複数人

⑥号令係（専科の時などにも有効）

⑦予定連絡係

⑧放課後教室整理　　複数人

⑨給食チェック＆号令

⑩黒板けし係

⚠ 注意点

①秘書さんは「なんでも屋」である。様々なイレギュラーな仕事がある時に頼む。この担当を最も多く配置するといろいろと助かることがある。

②実際にやってみて、この仕事はいらなかったなあとか、もっと人数がいるなあと思うことがある。その時は、二学期に役割の増減をするのがいい。

③クラスの人数が多い時は、ベスト10の各人数を増やすとよい。

③ 定期的に確認し、ほめて、仕事の質を高めよう

細かく仕事を設定しても、やっていることを確認し、ほめることをしないと、子どもは次第に仕事を適当にするようになる。

週に1、2回は確認をして、できていたらほめるようにしたい

1．当番名を言って、やっているか、やっていないかを言わせる確認方法。

　当番の名前を言う。その当番の人は、立って

　「やっています」「たまに忘れます」「忘れています。つぎがんばります」

　などというように言っていく。

2．指名なしの発表での確認

　教師が指名せずに、子どもたちが次々と立って発表をする方法。

　「給食チェックです、いつもやっています」「体育係です、たまに忘れます。次がんばります」「宿題チェックです、だいたいできています」

　このようなことを言っていく。

　大事なことは、きちんと仕事をしている人に教師がみんなのために働いてくれて「ありがとう」と言うことである。そして、忘れた人も責めすぎないことである。

こんなことに注意！　　こんな方法もあります　　＋時短のポイント

確認の仕方はさまざまです。いろいろ試してください。名前マグネットを用意して、仕事をしたら裏返す方法が有名ですが、毎回必ず忘れる子がいて、その声かけをし続けるのはよいことではないと思ったので、今は時々の指名なし確認で落ち着いています。

みんなを快適に！ 一当番

みんなが気持ち良く、快適にすごすためには「学級の仕事」をすることがかかせません。
「学級の仕事」は量が多いです。ですから、みんなで分担して仕事を行いましょう。
1人がみんなのために動きましょう！
みんなが気持ち良く過ごせる教室を作りましょう。

朝の時間の仕事

1．**お休みカード記入1**
2．**お休みカード記入2**
3．**お休みカード記入3**　（①休んでいる子に連絡帳を書いてあげる。②休んでいる子に近
　　　　　　　　　　　　　い人に連絡帳や配布物を配る。）**4時間目はじめまでに書く。**
4．**朝の準備声掛け係**　　①5分前です。座りましょう。　②プリントを取った人？の確認。
5．**朝学習係**　　　　　　①朝学習の時に声掛けをする人。

昼の時間の仕事

6．**給食号令**　　　　　①給食待っている間、友達が着席して、本を読んでいるかを確認。
　　　　　　　　　　　　②手洗い場がすいてる時を見て、当番でない子に手を洗うようにいう。
　　　　　　　　　　　　　（1，2班、3，4班、5，6班の順番で混雑をしないように。）
　　　　　　　　　　　　③給食の「いただきます」を言う。
7．**給食チェック**　　　①食器はさみがかかっているか　②台がきれいか　③バケツが写真通りにきれい
　　　　　　　　　　　　　に並べられているかをみてできていなければ、直す。④給食号令の補助
8．**チョークチェック＆黒板けし補助**
　（①短いチョークをすてる。長い、白8本、黄色3本のチョークを用意。なければ事務室でもらう。）

9．**体育じゅんび係1　男子**
　（①講堂をあける。閉める。②講堂の電気をつける。消す。**体育の時間前後の休み時間。**）
10．**体育じゅんび係2　女子**　（①縄跳びなどをもってくる。②鉄棒に逆上がり器具つける。）

11．**ゴミ箱きれい**（①ゴミ箱のゴミ捨て場にをすてにいき、ゴミ袋をつける。）

12．**お助け係**　（①けが人を保健室に連れてく。②健康調査票を保健室に持ってく。**1時間目終了後**）

13．**黒板消し**　（①黒板をきれいにする。②1〜3時間目休み時間）
14．**黒板消し**　（①黒板をきれいにする。③4時間目〜帰るまで）

15．**電気つけ、けし**　（朝会の時、体育の前に、**5分前**には消す。早く気がついてもらうために）

その時々に必要な仕事

　　　　１６.ひしょさん１
　　　　１７.ひしょさん２　　　（①先生のお手伝いをする。色んな仕事をする。<u>先生に言われた時</u>。）
　　　　１８.ひしょさん３
　　　　１９.ひしょさん４
　　　　２０.テレビ＆タブレット係　　①テレビをつける　②使い終わったタブレットを電源にさす係。
　　　　２１.けいじお手伝い
　　　　　（①けいじ物をはがす、まとめる。はる。はがれている掲示を直す。）

　　　　２２.配達さん１　　　　（配りものをくばる。<u>各休み時間</u>。）
　　　　２３.配達さん２　　　　（配りものをくばる。<u>各休み時間</u>。）

放課後の時間の仕事　　（終わったら先生に終わりましたと報告をして帰ります。）

　　　　２４.ほうか後、教室整理１
　　　　　（①放課後に、机、イスがみだれていないか。ゴミが落ちていないか確認しきれいにする。）
　　　　２５.ほうか後、教室整理２
　　　　２６.ほうか後、教室整理３　　（机そろえを中心）

　　　　２７.号令係　　　　　　姿勢、（はい）礼。
　　　　２８.終わりの会係　　　終わりの会の司会をします。
　　　　２９.予定連らく係　　（①黒板に宿題・時間わりを書く。）

　　　　３０.日付づき＆時間わり書き　　（①黒板の日付を書き、時間わりをかく。<u>帰り</u>）
　　　　３１.宿題チェック　　（①うしろの黒板に書かれた宿題を忘れた人の名前を消し、紙にかく）
　　　　　　　　　　　　　　　　　　　　　　※少し多めに作っています。

全員の人が気がついた時にできるといいこと。

　　　１．電話がなったときにでる。
　　　２．放送、電話がなったら静かにする。（その情報を必要とする人が聞きやすくして優しい。）
　　　３．落ちているものをひろう。（困っている人を助ける優しさを持ってくれると嬉しいな。）
　　　４．友だちの食器を片づけてあげる
　　　５．友だちがうれしいことをする。
　　　６．よびかける。　　（３分前に、「もう少しで〜〜するよ」など。）
　　　７．「前にならへ」などをいって、早く並ばせる。　　など

　１人１当番の仕事がない日もあります。その時はゴミ拾いをすることもあります。
　休みの人の分は、ひしょさんが仕事を代わりに行います。

机を綺麗にして探す時間を減らそう

―毎日10分の探す時間を減らそう―

仕事術の**ポイント**

☑ 机を綺麗にすると探す時間が省ける
☑ どこに何を置くかを決める
☑ 机を綺麗にするという覚悟を持とう

1 机を綺麗にすると探す時間が省ける

人は一日で平均10分は探し物をすると言われる。1カ月で約5時間。非常にもったいない。机の上を整理すれば、その時間が激減するので、やらない理由はない。また、仕事に対する信頼を持たれるという効果もある。

いちいち探さないで済むだけで、仕事がはかどる。仕事は、備忘録に書かれているからそれに従うだけである。

筆記用具は右上の引き出し、透明ファイルは右下の引き出し。のど飴がほしい時は右の真ん中の引き出しにある。過去の運動会資料は机の下にある。

このように全て決めてあれば時短につながる。

2 どこに何を置くかを決める

どこの学校に行っても、自分の机の配置は変えないほうがいい。左の引き出しは近々にする仕事関係を入れる、右下はとりあえず書類置き入れがあるなど、決めておくといい。
特に原則があるわけではないので、個人個人で、使いやすいように決めることをお勧めする。

〈1年前の物〉

①校務分掌関係　②成績表に関係

③地域子ども会　④遠足関係

⑤懇談関係資料　⑥教育研究会関係

⑦運動会関係（運動会前）

棚を個人購入して入れている。

最新で仕事をする物

筆記用具関係

判子
お菓子関係

1年前の物を置く

今年度よく使う物

〈今年度に使う物〉

①職員会議の記録　　②児童関係書類

③校務分掌関係

④念のため保存ファイル（大）　　⑤クラス名簿10枚ほど

⑥トラブル関係ファイル　　⑦使える教材プリント入れファイル

使い勝手のよいようにすればいいが、今年度よく使うものは右下の引き出しがお勧めだ。

③　机を綺麗にするという覚悟を持とう

「仕事を早くするために机上フラットは必要。絶対に机上に置かない」その覚悟を持つ。机上に何か置かれたら、何らかの行動をおこす。すぐすべき仕事なら机上に整理して置く。その日にできそうにないなら「急ぎ」の仕事保管引き出しに置くようにする。

　机上にある物は、その日のうちにする仕事と考える。

　机の中に入れるものもよく考える。よく使う物と使わない物に分ける。使わない物は教室の教師用ロッカーの中に保管しておく。

> **! 注意点**
>
> 机の中の整理を思い切ってするのは、夏休みや6月、11月など、時間の空いたときに落ち着いてする方がうまくいく。焦らないほうがいい。

> 書類や資料などは捨てるかかどうか、使うかどうか迷う物もある。その時は、念のため保存ファイル（大）に入れておく。

　また、すぐしなければならない仕事でも、その日のうちにできない時もある。その時は、備忘録に書き、机の中に入れよう。

　そうすると帰る時には、机の上に何も置いていない状態になる。

　なんとしても机上に置かない覚悟を持つことが大事だ。

こんなことに注意！　　こんな方法もあります　　+時短のポイント

何も置いていないと、物置に使われることがある。「山本さんの机は何もないからつい置いてしまう」と教頭先生に言われたことがある（自分の席が教頭先生の机に近い時だった）。しかし怒ってはいけない。喜んで使ってもらおう。さすがに、自分が来た時にはどけてくれるものだ。

最新の仕事　置き場

すぐにしなければならない仕事
または頻繁に目を通して確認すべき物

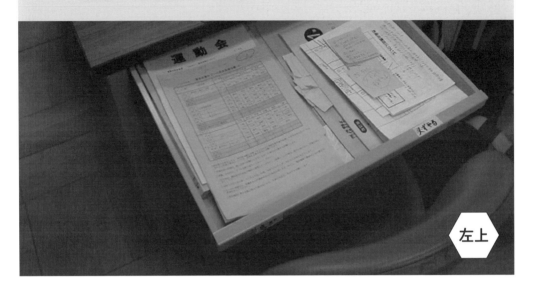

左上

筆記用具関係

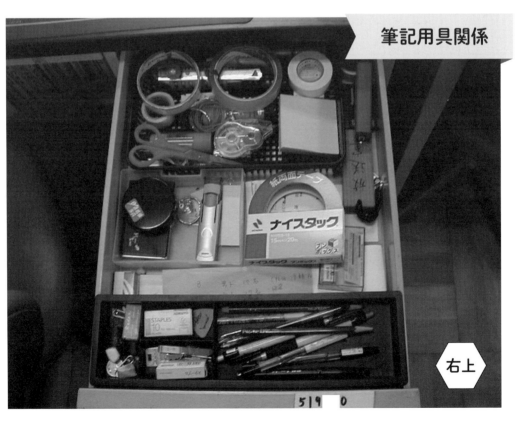

右上

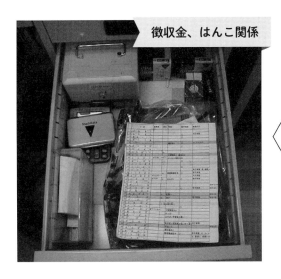

徴収金、はんこ関係

右中

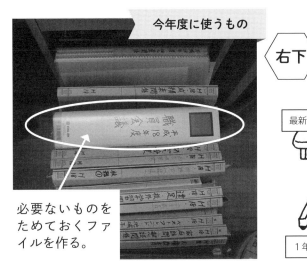

今年度に使うもの

右下

必要ないものを
ためておくファ
イルを作る。

最新で仕事をする物

筆記用具関係

判子
お菓子関係

1年前の物を置く

今年度よく使う物

左下

1年前のものを置く

一週間の使い方を計画的に行おう

―無駄な時間を排除し、一直線に仕事をしよう―

仕事術のポイント

☑ 空き時間のあるなしで仕事を増減させよう

☑ 時間がある時の仕事と、ない時の仕事の質を考えよう

☑ ノッている時、スムーズな時は、次の日の仕事をしてしまおう

1 空き時間のあるなしで仕事を増減させよう

空き時間が多い日、少ない日がある。例えば、水曜日に専科が多かったとする。ならば、水曜日はいつもより仕事を多めに入れよう。木曜日が忙しい時は当然、木曜日は仕事を少なめに配置しよう。調節が大事である。

水曜日が忙しいなら、火曜日の宿題を少なくする。木曜日が暇ならば、水曜日の宿題を少し多めにする。一筆箋を書く時間も作る。時間があれば、次の日の仕事もする。このように仕事を調節しよう。習慣になると、退勤時間通りに帰ることができる。

一週間の仕事量を均等にわりふる。

6時間目まで、空き時間がない、時間のかかる会議のある日は仕事量を減らす。

5時間目までの日、空き時間が多い日に仕事量を少し増やす。

2 時間がある時の仕事と、ない時の仕事の質を考えよう

5分ある時と20分ある時の仕事は変える。

5分では、雑務などの今まで経験がある簡単な仕事をする。20分では、創作、思考を要する仕事をする。時間によって仕事の質を変えると、効率がよい。

【会議前に10分空いていれば何をするか】

　A　放課後に必ずする仕事をする。

「教室の机揃え、掃除、明日の配布物の準備を教師机に置く。ホワイトボードに、次の日の予定を書く」

　B　体育部の出張で出された課題「全校の投げる力をつけるにはどうすればいいか」を考える。

どちらをするか。これはAである。

　Bは数分では終わらない。調べたり、考えたりする必要がある創作的な仕事だ。これには、20〜30分はかけたい。先にAを終わらせておいた方が、じっくりと考えられる。

　時間の使い方で、仕事は早くも遅くもなる。

! 注意点

　会議室に先に入り、待っているならばできる仕事はまた変わる。明日の仕事の確認や子どもへの一筆箋を書くなどの仕事もあろう。

　大事なことは、時間を無駄にしないことである。

③　ノッている時、スムーズな時は、次の日の仕事をしてしまおう

通知表の所見を書いているとする。4人目あたりから気分がノッてくる。こういう時は、予定した時間を過ぎてもその仕事を続けるのはありだ。他の仕事は別の日に回すのもよい。仕事をするとノッてくる感覚は確かに生まれる。その機会を逃さないのも大事だ。

　所見を一気に10人ずつ、3日かけて書くことにしている。以前は5人ずつ6日かけて書いていたが、自分には合わなかったようだ。大事なのは、その人の仕事の効率である。朝型、夜型、様々あるように、その人にあった方法をとるのが最もよい。

　水曜日の仕事がとてもスムーズにいったとする。そういう時は、木曜日の仕事までしてしまう。そして、木曜日は楽しよう（ついでに金曜日の仕事まで攻めるのもいいだろう）。

　作業にのるまでの時間は体調にも左右されるが、ノッてくる時の「ゾーンタイム」を逃さないようにしたいものだ。

　ここで注意してもらいたいのは、仕事術だけを優先して、学級をよくしようとすると、子どもに対して心のこもっていない対応となる危険があることだ。効率性や定時退勤だけを目的としたクラスづくりは考えないようにしよう。

こんなことに注意！　　こんな方法もあります　　＋時短のポイント

備忘録が大事だ。きちんと予定を書き、仕事の時間配分をコントロールし、自分の仕事を管理しよう。「あと、何をするんだっけ？」の排除が仕事にリズムを生む。

放課後の時間にできることは限られているので、計画的に使おう。

オリジナルの備忘録を持とう

—日々の仕事を決めるために時間をかけても練ろう—

仕事術の**ポイント**

- ☑ **1日を見開き2ページが基本**
- ☑ **仕事を平均的に割り振ろう**
- ☑ **目につくところに大事なことや目標を書こう**

1 1日を見開き2ページが基本

教師の仕事、自身の研鑽の仕事、家族の仕事も一緒に書いている。全てを1つにした方が忘れない。もちろん、人それぞれなので、自分が忘れないようにすれば、それが一番である。しかし、見開きは原則であるように思う。

　毎年更新をしている。更新をしても見開きだけは崩さない。見開きが仕事をしやすいからだ。内容は以下の割合で構成している。

①授業のこと＝6

②放課後の仕事＝3

③家の仕事、雑務＝1

　授業が6割なのは、最も授業が大事だからだ。

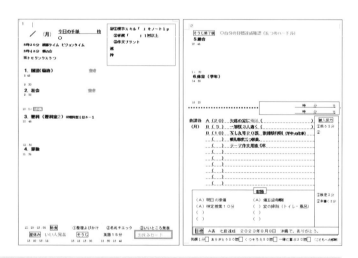

2 仕事を平均的に割り振ろう

右側ページに放課後の仕事を書く欄がある。会議等がある時は仕事を少なめに、ない時は、少し多めに入れる。仕事量をコントロールできるのが備忘録のよいところだが、その計画を立てる日も重要である。予定をぎりぎりにしてはいけないということだ。

仕事の配分を決めて、備忘録に記入する日は金曜日にしないほうがいい。週の半ばの水曜日ぐらいに、次の週の予定を決めるのがいい（私は水曜日にしている）。木、金で修正ができるし、急な修正は自分をあわてさせてしまうからだ。

常に、イレギュラーな仕事が入っても大丈夫なように予定を組むのが大事である。その方が、仕事が早く終わるようになる。

放課後 （水）	A（20）	欠席の家に電話。（
	B（5）	一筆隊3人書く。（
	B（10）	黒週案前の週の出席
	B（ ）	・カリマネ　15:00
	（ ）	・さいつうじ　ズたスんエリア
	（ ）	・スたと指導する
	（ ）	ズたスんほとなる。
	（ ）	

! 注意点

仕事が早く終わることがある。その時は、次の日の仕事を先取りしている。

あるいは、思いついたことをメモして、今後に活かすようにしている。そのほうが、仕事の効率がぐんとよくなる。休むのは、帰ってからでいい。

③ 目につくところに大事なことや目標を書こう

備忘録は毎日見る。そこに目標を書いておくと毎日目にするので、意識できる。
私は自分ができていないことを書き、頻繁に目にすることで、強制的に意識させている。自分の弱点克服は大事なことである。向き合わないといけない。

日々の忙しさにかまけて、子どもに満面な笑顔が出せているか。省みているが、なかなかできない。それではだめだ。何のために教師をしているのかと思う。

子どもに感謝して、子どもと共に成長するのが大事だと心の底から思う。忙しさで忘れないように備忘録を見ることで意識をさせている。

心の底から授業を楽しめ！
子どもに感謝し、ともに成長しろ！
力強くほめて伸ばせ！教師が笑え！

二人を底上げしたか。算数７０点以上に。
その２人を底上げするから、学力が全員についていく。

意識すべきこと
①月始めは、しつけ、システム、ルール確認の徹底。
②毎週月曜日も、必ず、しつけ、システム、ルールの確認。
③一時間に５０回以上はほめるようにする。

「備忘録資料」

＊学事出版HPからもご利用になれます→P110

! 注意点

現状維持はよくない。備忘録にも「自分を成長させる仕組みをつくる」ことが大事だ。私は土曜日に「微差力」という項目を書いている。これは自分の実践をまとめたり、思いついたりしたことを「微差力」として書いてまとめる時間である。時にはできないこともあるが、勉強の機会となるので成長できる。

こんなことに注意！　　こんな方法もあります　　＋時短のポイント

教師歴７年目までは各授業の進め方は教科ごとにノートをとっていた。10年を過ぎてだいぶ簡素化できてきたが、それは、全ての学年を経験してきたからである。仕事術を意識するあまりに、最も大事な授業について本気で考えることを疎かにしないようにしよう。

7 大テストの採点を早くする
―20分は早く帰れるようになる仕事術―

仕事術の**ポイント**

☑ テストは15分経ったら、できた子どもから出してOK
☑ 丸つけは２、３問ずつする。１枚全部を丸つけはしない
☑ 平均点が上がる工夫をしよう

1 テストは15分経ったら、できた子から出してOK

テストが終わった子から出させて、丸つけをすることで、次の時間には確実にテストを返すことができる。子どもたちは、行ったテストが早く帰ることを心待ちにしている。クラスの７割が終わっているならば、できた子どもから出させよう。

テストをさせて15分から20分後に全て終わっている子が多ければ、見直しをさせてから出させる。７割の子どもが終わっているならば、出させていいだろう。

そして、出ているテストの分だけを猛スピードで丸つけしていく。そうすると、丸つけだけならば40〜50分で終えることができる。うまくいけば、点数の転記を備忘録につけるまでいける。

ただし、ほかの子どもがあせってしまうような時は、テストは出させない。まだできていない子が見直しを適当にしてしまい、点数が下がることがあるからだ。そんな時は、早く終わった子どもにはテストを半分折りにし、本読みなどをさせて待たせるとよい。

> **⚠ 注意点**
>
> テスト内容によって、子どもに出させる時間は変わる。15分後の時もあれば、35分後の時もある。
> 問題の内容と子どもの様子をしっかりと見て判断しよう。

2 丸つけは２、３問ずつする。１枚全部を丸つけはしない

答えを数問覚えて、数問ずつ丸つけしていく方がよい。
一枚全部のテストの問題を丸つけしていくと、答えのページを何度も確認することになるので、タイムロスが大きいからだ。

　２、３問丸つけして次のテスト、２、３問丸つけして次のテスト
としていった方が効率がいい。２、３問の答えを覚えるのは難しく
ないからだ。

　この繰り返しが格段にやりやすくなるために重宝するのが磁石付
きマグネットクリップと指サックである。

　なお、文章問題の答えは、多様な解答が出てく
るので文章問題は１問だけ丸つけして、次のテス
トを見るようにしよう。

　このようにテストの丸つけもいろいろと工夫す
ることで、放課後に長い時間残ってやらなくて済
むようになる。

③　平均点が上がる工夫をしよう

テストの平均点は90点以上を目指そう。子どもも喜ぶし、丸つけも早くなる。
日頃の教材研究は、きちんとテストの内容を把握したものが反映されているだろうか。勘所、
難しいところを見つけ出し、日頃の授業でしっかりと扱おう。

　平均点が70点と90点では、丸つけのスピードが変わる。平均点の高い方が丸が多く、間
違いのたびに立ち止まる瞬間が少ないので早く採点できるからだ。

　平均点を上げるには、きちんとした教材研究が必要だ。テストをよく見て、大事なところ
を抑えて指導をしよう。

　テストの教材研究は大事である。テストの問題と教科書の問題が連動しているか。また、
テストではしっかりと出ているのに、教科書では少ししか出ていないことがある。そういう
ところは補充問題を出す。また、あきらかに間違えそうな問題は、授業中にその部分を子ど
もたちと考える時間を通常よりも多めにする。

　工夫して、子どもたちができるようになれば、採点も早くなり一石二鳥となる。

こんなことに注意！	**こんな方法もあります**	＋時短のポイント

近年、テストの自動採点システムが出てきている。まだ難点はあるようだが、今後それ
が文章問題などにも対応できるように進化したならば、丸つけの時間を他の仕事に当て
たいと思う。

8 漢字小テストの丸つけは子ども同士でさせる

―子どもが正誤を見極める力もつき、時短にもなる―

仕事術の**ポイント**

☑ 隣同士との丸つけのしかたの流れ

☑ 趣意説明をし、練習の段階から隣同士との丸つけをさせる

☑ ほとんどの子どもに100点取らせよう

1 隣同士との丸つけのしかたの流れ

①２分で10問解く　②２分後に隣にプリントを渡す　③答えを見ながら丸つけをする

④お互いに返す　⑤食い違いがあれば持ってこさせ教師が判定　⑥間違えた問題を直す

⑦点数を出席番号順に発表（嫌な子どもには後で言わせる）⑧教師は記録する

　上記の方法をとると10分ほどで、テストの採点から記録までができる。教師が一人で丸つけをするのと比べてはるかに時短となる。

　なお、最近は「⑧教師は記録をする」の後に、テストを持ってこさせている。集めた後にハンコを押すためだ。

　念のために、子どもの見間違いをチェックしていると証明するためにもハンコがあった方が保護者は安心する。

　テスト練習も同様に隣同士で丸つけをさせている。①～⑥までは同じ流れである。そして、間違えた漢字だけを練習させる。それを２回ほど繰り返して行えば、だいたいの子どもが100点を取るようになる。

> **⚠ 注意点**
>
> 　子ども達には「厳しめに漢字を見てあげてね。どちらにせよ、先生が後で見るからね」と言う。
>
> 　点数発表時には「100点でも恥ずかしい人がいるから無理して言わなくてもいいよ」と言う。

2 趣意説明をし、練習の段階から隣同士で丸つけをさせる

「先生が担任したクラスの漢字テストはほぼ100点になります。秘訣は間違えた文字だけをたくさん練習するからです。そして、隣同士チェックで見直し力がつくからです。練習やテスト本番も隣の人の丸つけをしますがそれも大事な学習です」と趣意説明する。

さらに付け加えて趣意説明をする。

「先生が丸つけをすると時間がかかりますが、隣同士でするととても早く丸つけができます。その分、漢字を多く練習できます。なので、その分100点に近づきます。でも、どうしても先生につけてほしい人は言ってくださいね」と言う。

これを続けていくとほとんどの子が100点を取れるので、先生の丸つけでなくてもいいと判断をする子がほとんどである。

なお、テストは、1回につき熟語は1問だけ出す形にする。その方が採点しやすく、学習しやすいし、子どもが間違いにくいからだ。漢字テスト採択の時にはそのタイプの物を採用することを強くお勧めする。

> **！注意点**
>
> 丸つけをする時に声をかける言葉は以下である。
>
> 「友だちのために、厳しめにつけてあげなさい。本番テストの後に、先生が見ますが、その時に間違えていたらかわいそうです。漢字ドリルを見て、しっかりとつけてね。ただし、漢字には許容範囲といって、これぐらいなら〇というのがあります。なので、わかりにくいところもあります。二人で〇か×か意見が食い違う時は先生に見せに来てくださいね。判定しますので」

③ ほとんどの子どもに100点を取らせよう

テストで100点を取れば、子どもはやる気になる。そのためには、第一回目のテストが大事である。しっかりといつもより多めにテスト練習をする。そして、確実に100点が取れるようになってから行おう。

私のクラスの漢字テストの平均点は97点以上である。どの学年を受け持ってもそうなっている。100点を取らせることの大きな意味は、子どもが漢字を習得できて漢字学習に意欲的になるのが最大の理由だが、実は仕事術的な側面もある。それは、隣同士で丸つけすることの強い説得力になるのだ。もし、これが平均80点ならば、子どものやる気が減ってしまい「先生が見てよ」という声が出るのである。そうなると丸つけにとても時間を取られてしまうことになる。

子どもがやる気になれば、学習意欲も向上し、テストの点数が上がっていく。そして丸つけの時間も減る。多くの子どもに100点を取らせよう。

> **！注意点**
>
> 普段の宿題からテスト練習と全く同じ内容を出そう。その方が習得しやすい。私は週に3回はそうしている。

こんなことに注意！　　こんな方法もあります　　時短のポイント

一年生の時は先生が丸つけをするのがいいが、2年生の二学期以降、そして3年生以上は隣同士で丸つけをすることができるようになる。また、保護者が求めてきた場合は、もちろん教師が丸つけをするのがいい。子どもに合わせて、要望に応じて変えよう。

効率的な提出物チェック方法
―この細かな仕事を制するから時短になる―

仕事術の**ポイント**

☑ **効率的な連絡帳チエック方法**
☑ **効率的な宿題チエック方法**
☑ **効率的な提出書類チエック方法**

1 **効率的な連絡帳チエック方法**

連絡帳チエックは、教師が毎回子どもに「出して」と言っていては効率が悪い。
班で出す仕組みをつくり、さらに、開いてださせるようにするだけでかなり違う。
また、確認の時間の設定も大事だ。私は、掃除の時間か昼に確認をしている。

　もちろん、保護者からの連絡が書いてある時は、すぐに出すように言っている。

　全ての連絡帳の確認は、昼ご飯を食べた時に見るか、掃除時間の終わりごろに見る。連絡帳処理の仕組みは以下の通り。

①朝に連絡帳を書かせる。
②写真のように、後ろのロッカー上に班ごとに出させる。
③給食の終わり頃に、連絡帳が書いてあるか、置いているかを班長が確認して出す。
④教師が連絡帳をチエックする。
⑤綺麗さによってA、B、C評価する（ハンコ押しでもいい）。
　もれなく、すばやく見るシステムを作れば時短になる。

2 **効率的な宿題チエック方法**

宿題も同様に、班ごとに決まった場所に出し、班長が確認をする。
忘れた場合は、本人が宿題忘れ表に印をつける。念のために、班長もチェックするし、宿題チェックの係も確認するようにしている。その後に、まとめて教師が見る。

なお、宿題は、家庭学習の習慣をつけることを目的にしている。そして、宿題をすると自分が得するシステムを取っている。

漢字テストと同じ漢字の宿題を出しているので、がんばれば100点をとれる。

また、簡単な内容の算数の宿題を出している。そして、作文のプリントを週に2、3回出すようにしている（3年生以上）。

宿題の処理も手間がかからないようにすることが大事だ。漢字は大きな丸つけを教師がする。算数のプリントは、全体の前で答えを言い、子どもが丸つけをする。

作文を出したかどうかの枚数確認は、教師でなく宿題チエックの係が確認をし、それから教師がチェックする。

作文へのコメントは、2、3回に1度行っている。

！ 注意点

宿題で学力をつけようとはしていない。家庭によって見てくれる状況が違うからだ。

ただし、宿題をよく忘れる子には、たまに、休み時間や放課後にやらせるようにしている。ただし、放課後に残すのは月に一回程度である。

③ 効率的な提出書類チエック方法

15日締切の提出物がある。カゴを用意して、持ってきた子どもから入れさせる。締切前日の14日まではその集計はしない。15日に向きを揃え、クラス名簿の紙を出して確認する。そして、翌日の16日になったら、出していない子どもに連絡する。

前もって、子どもに出すように言うことなどは、呼びかける時間の無駄である（連絡帳には、締め切り日を書く）。

提出日前に催促すると「提出日に出す予定なのに」と保護者から苦情がくることもあるので提出日を過ぎてから言うのがいい。

催促も最低限に、名簿の向きを揃えるのも1回で済ますようにして、仕事量を減らすようにしている。

ほんのちょっとしたことだが、こういうことの連続が時短につながる。

こんなことに注意！　　こんな方法もあります　　**＋時短のポイント**

提出物は毎回、子どもに配っては時間がかかる。重要な手紙は教師が列ごとに、4、5枚ずつ配る。しかし、そうでない毎日の宿題プリントや重要でない手紙は、教室の前に置き子どもが朝、登校したら取る仕組みを作る。そして「手紙を取った人？」と確認すればいい。

10 校務分掌の仕事マニュアルを作ろう
―自分のためにも相手のためにもなる―

仕事術の**ポイント**

- ☑ メモでいいから少しずつマニュアル化をしよう
- ☑ 初めてする仕事はとにかく進めよう、マニュアルを作ろう
- ☑ 始めは時間がかかっていい。数年後に超時短が見込まれる

1 メモでいいから少しずつマニュアル化をしよう

とりあえず、形式を気にせずにメモをしよう。メモをした上で形式を整えよう。そうした方が、メモは作りやすい。そして、マニュアルに進化させやすい。

メモは、付箋を使ってとりあえず書く。

その後PCのメモ機能を使う。

ワードではなく、アクセサセリの中にあるメモ機能を使うことをお勧めする。

立ち上がりが高速だからだ。

そして、基本、①〜　②〜　③〜　と箇条書きにする。準備物やその置き場も書くのもいい。

ある程度作ったら、まとめてワードに変換し、文字を大きくしたり、フォントを変えて見やすくしたりする。

> *学び - メモ帳
> ファイル(F) 編集(E) 書式(O) 表示(V) ヘルプ(H)
> 学び
> ―――――――――――――――――
> たくさんの意見を考える時に、
> 「どうですか。」はでにくい。
>
> 「三つ考えてください。」|
> で、
> 三つ考えさせて。
>
> その出たものの中で
> みんなで、三つに絞る。
>
> そして、新たなものにするなどをするのが効率がいいのではないかと思った。
> ―――――――――――――――――
> 本のタイトルを考えたときに、書いたことがある人、ない人で
> 遠慮や調子にのってはいけないと思う。
> みんなの意見をきちんともらう必要があると思う。
>
> 95%

2 初めてする仕事はとにかく進めよう、マニュアルを作ろう

初めてする仕事はとにかく訳がわからない。何がわかっていないかもわからない。

その中でも考えられることは幾分かある。例えば、締め切り。いくつかの課題があること。

前任者が誰か等。そういうわかっていることからとにかく進めるのが大事。

初めてする仕事は、とにかくマニュアルを作ってしまう。

例えば、新しい場所に校外学習に行く時のマニュアル作りには施設の休み、何時から入れるか、休憩場所はあるかなど、わからないことがあるだろう。

とにかくわからないことも書くといい。例えば、こう書く。

---

①朝日ヶ丘動物園に校外学習。

②休みは、（　　　）曜日

③営業時間は、（　　　　）時

後は電話をするなどして、確認しながら空白を埋めていく。

ほんの少しのことだが、大きな一歩である。

後は、並び方、昼食場所などを考えていく。

③ 始めは時間がかかっていい。数年後に超時短が見込まれる

マニュアル作りは始めは時間がかかる。しかし、積み重ねて保存しておくと後でとても楽になる。例えば水泳指導などもマニュアルがあるおかげですぐに下準備ができるので、20年目を過ぎた今でも、とても楽に指導ができる。

通知表の作成の担当になった時、勤務校の地区も変わったのでまったくシステムが違っていて、一から全部作り直したため、かなり時間がかかって、土曜日も学校に行ったりして大変だった。

しかし、一度作ってしまえば数字を変えて出すだけで済むので、その次からは大変楽だった。そして、基本的に、教員からの質問はない。質問がきても、マニュアルに書いているので、それを見て答えるだけでいい。最初に作るのに20時間はかかったが、その後は毎学期1時間で終わる。

はじめの苦労は買ってでもしよう。後で何十倍も時短となって効果が現れる。

こんなことに注意！

頑張って作ったマニュアルは、きちんと引き継いでいこう。同僚に大変感謝されるし、学校がよりうまく回っていく。私は理科の授業をPP（パワーポイント）で作った年があったが、それを同僚に渡したら非常に喜ばれた経験がある。

遠足、社会見学の流れ

下見にいくまで

1・去年の資料、しおりを手に入れる。印刷。
2・行き先を検討する。
3・日程を検討する。(晴れの時と、雨の時の二つをきめる。)
4・下見に行く候補日をきめる。(1か月前がベスト。)
5・電話して、こちらの希望する日に参加が可能か?下見の日が空いているかを確認する。
6・**校外学習予定表**の紙を引き出しから取り、記入できるところをかく、出す。
7・**OK** をもらったら、管理職に報告。
8・つきそいの先生に誰についてもらうかを確認する。

下見　(児童数、つきそい人数、学校の住所、校長名が書かれているものを持っていく。)

1・駅長室で「遠足に行く日」と「その時間」などを連絡する。
2・時刻表をもらう。
3・行き道で確認事項4つを確認する。
　　①トイレの場所、休憩場所
　　②何番出口からはいったり、おりたりしたらいいのか。
　　③電車に乗っている時間の確認。
　　④降りた駅で時刻表をもらう。
4・施設の中で、手続きをする。
5・施設の方にお金を渡す方法はどうするか。いつなのかを確認。
6・施設内で「トイレ場所」「昼食休憩場所」「何時間いるか」「過ごし方の流れ」などを確認する。

下見から帰る時

1・クラスの順番を決める。
2・しおりの担当をきめる。
3・カメラ担当をきめる。(自分でいい。)
4・子どもを集めて話をする日を決める。(あるいはなしにするかを検討。)
5・付き添いの方の携帯番号をしらなければ教えてもらう。

下見から帰ってから

次の日
1・学年便りで「お弁当が必要なこと」を知らせているかをみる。
2、事業起案書、支払い決済書を作る。（決算報告書かけるところだけ書いておく。）
3・給食を止めてもらう事を、栄養職員さんに連絡
4・管理職に決まった事を報告。お金の用意をお願いしておく。
5・お弁当、お茶をどうするかを確認。
6・誰に駅にお金を支払いにいってもらうかを決める。
7・職朝にでるかを考えておく。

前日
1・袋を２つか３つ用意し、お金を払いやすいように、それぞれの袋に金額を書いておく。
　　（通常、駅代金と施設代で２袋必要だが、駅を乗継する場合は３つ袋が必要となる。）
2・明日の朝、お金の用意をよろしくお願いしますという。

当日

準備物
　①お疲れ様会のジュース、おかしの用意　②お弁当
　③カメラ　④忘れた子ようのおにぎり３つ　⑤携帯　⑥おはし　⑦ティッシュ　⑧しおり

朝、子どもがくるまで
　①管理職にお金を出してもらうようにする。
　②救急箱を受け取る。
　③行く準備。
　④付添いの方の携帯番号をしらなかったら教えてもらう。

子どもが朝来たら
　①すぐに出席確認。（当日の朝は教室にいるようにしておく。）
　②きていない子がいたら電話する。
　③欠席確認などをして、人数を確かめ、駅に電話する。

校外学習終了後

当日
1・反省会を行う。
2・校外学習予定表の紙を完成させ提出。（前日にほぼ完成させておく。）
3・お金の返金手続きをする。（封筒にお金をいれ、領収書に名前をもらうようにする。）

翌日以降
4・後日、子どもにわたす。
5・領収書をうけとり、会計担当にわたす。
6、遠足が終わった後に、精算報告書を作る。（領収書をはる。）
　　遠足終わってから、一週間以内に事務にわたす。

最重要仕事術セレクト10

11 提出物は三日前に出す段取りを組もう
―あわてないために余裕をもって仕事をしよう―

仕事術の**ポイント**

☑ 仕事が来たらすぐに締め切りを決めて、備忘録に反映させる
☑ 急な仕事が来たら、三日前には仕上げよう
☑ 初めての仕事は一週間前完成を目指そう

1 仕事が来たらすぐに締め切りを決めて、備忘録に反映させる

運動会の放送原稿が担当から渡されたとする。まずは、締め切りを確認。次に、締め切り三日前に提出をすると決める。三日前が15日なら、備忘録の15日の場所に「放送原稿提出日」と書く。この作業から仕事は始まる。

　仕事を忘れないように記録するのが大事である。備忘録の中の仕事日に「○○○提出日」と書いた後は、その仕事を分割して考える。

　例えば放送原稿の仕事ならば以下である。

①去年の放送原稿を手に入れる。
②去年の原稿に倣って原稿を書く。
③学年の先生に見せる。
④OKをもらったらコピーする。
⑤一つを保管する。
⑥一つを担当に渡す。

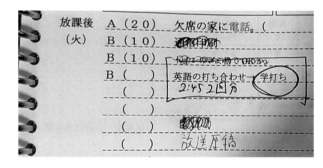

　通常二日で終わる仕事である。

　備忘録に放送原稿の仕事をする日を記入。これで計画的に仕事ができる。

2 急な仕事が来たら、三日前には仕上げよう

予定ぎりぎりに設定するとその日や前日に何かあったら、あわてることになり、遅くまで残って仕事をしなければならなくなる。三日前に予定を決めておけば、何かあっても落ち着いて対応できるので、あわてなくて済む。

日々の仕事はなかなか予定通りにはいかない。

子ども対応があったり、急な仕事が入ったりするので、その確認だけでも意外と時間がかかる。

先の放送原稿の仕事で言えば、学年の先生が出張で全員に見てもらうのが一日遅れるなどの可能性は、十分にある。そうなると予定通りに仕事が終わらない。

そういう場合は、いさぎよく次の日に仕事を伸ばす。三日前に終わるようにしていればそうした余裕を持てる。同僚にイライラすることもなくなる。

なお、三日前に仕事を終えていると、担当者からも感謝される。担当者も締め切り前になると、「できているかな」と気になっているので、早くできていたらとても喜んでくれる。

> ⚠ **注意点**
>
> 早く仕事をすることが当たり前になると、提出物が遅い人にイライラしやすくなることがある。
>
> だが、そこはぐっと我慢。丁寧にお願いし、場合によってはこちらが手伝うのもいい。同僚との関係は大切にしたい。

③ 初めての仕事は一週間前完成を目指そう

新しい仕事は仕事の手順がわからなく、難しいこともあるので、いちいち人に確認をしたり、聞いたりすることになり、とても時間がかかる。しかしこれも締め切り一週間前にできるようにすることで対応がやりやすくなる。

毎年４月には新しい校務分掌が発表される。ある時「あゆみ（通知表）」担当になったが、転勤したてで、仕事内容がわからない。まずは、仕事を進めていくために去年の担当に仕事内容と、過去の仕事書類の置き場所を確認し、それによってわかったあゆみ担当の仕事は以下だ。

①あゆみ作成マニュアル作り　　②あゆみ提出日の設定　　③授業日数を確認
④所見を管理職に見せる日の設定　⑤全体への連絡

どれぐらいの仕事量か見当がつかず、マニュアル作りには相当な時間がかかると思ったので、全体への連絡日の一週間前に終わるように予想して仕事を進めていった。実際は想定以上にマニュアル作りに時間がかかり、締め切り日ぎりぎりとなったので、結果的に余裕を持たせていたのが正解だった。

こんなことに注意！　　こんな方法もあります　　＋時短のポイント

そうは言っても予定通りにできないこともある。それはそれでいい経験だと思うことだ。「この仕事は３日前では終わらない、５日前締め切りにしなければとわかってよかった、勉強になった」と思うと成長できる。私は、10年そんなことを繰り返してきた。

12 保護者連絡は時間を選ぶ
―時間を考えることで予定通りの仕事ができる―

仕事術のポイント

- ☑ 早く電話かける時、遅く電話をかける時を分けよう
- ☑ 小さな仕事を終えてから、帰る20分前に電話をかけよう
- ☑ まとめて電話をかけよう

1 早く電話かける時、遅く電話をかける時を分けよう

救急車を呼ぶレベルのケガ、保健の先生が帰そうと判断した病気などはすぐにかける。
首から上のけがをして帰った時は、放課後、早めに電話をかける。
二日間連続の休み、友だちとのケンカなどは放課後、少し遅めに電話をかける。

　両親ともに仕事をしている家庭もある。
我々の退勤時間5時前後に家に帰っている
方、いない方様々である。早めに電話する
か、遅めに電話するかはよく考えよう。

　電話を6時間目が終わった3時40分ぐらいか、退勤間際の4時30
分にかけるかは家にいる方にとっては、それほどの差はないと思う。
なので、他の仕事をある程度終わらせてから、まとめて電話をした
方がいい。その方が、こちらも心の余裕があるし、電話がつながっ
たら、他の仕事は終わっているので、落ち着いて話ができるからだ。

　例えば会議がある前に電話をしたとする。その時につながらず
に、後で折り返しの電話がきたら会議に支障が出る。電話をする
時間を考えるのも仕事術なのである。

> **! 注意点**
>
> 　忘れ物（数回連続）
> に関する電話は、よい
> ところを伝えてから「実
> は…」と切り出した方が
> いい。話す順番を気に
> したい。
> 　また、トラブル関係
> の電話だけでなく、よ
> いことが起こった時も
> 電話したい。内容も気
> にしよう。
> 　保護者と良好な関係
> になることも意識したい。

2 小さな仕事を終えてから、帰る20分前に電話をかけよう

できる仕事をまとめて終えてから、電話をしている。仕事の時間をコントロールできるから
だ。帰る20分前にかけるのは、相手が電話に出ずに、折り返しかけてくることを計算にい
れているからだ。また、2回目の電話を10分後にかけるためでもある。

お家の人への電話は最重要事項だ。しかし、必ずしもすぐに電話をしなくていい場合もある。電話がつながるかわからないし、相手によっては時間がかかるかもしれないからだ。

私は急ぎの案件でなければ、備忘録に書いてある仕事を淡々とこなしてから、電話をする。

なお、急ぎの案件ではないものは以下である。

①ほめる電話

②定期的に特別に配慮を要する方へのご連絡電話

③軽いケガだが、我が子に対する心配が多めの保護者

④忘れ物が連続３〜５日の場合の連絡の電話

⑤トラブル案件が解決したことの報告電話

⑥２日連続のお休みの時の体調確認の電話

!注意点

基本的なことだが、配慮を要する方の場合は早めに電話をする。また、お家の方のお仕事状況によって、遅めにかけてほしいという方もいる。その場合も遅くする。逆もしかり。

第**2**章 最重要仕事術セレクト10

③ まとめて電話をかけよう

学校の電話回線は３回線が多い。他の先生が電話をしていると、仕事をしながら電話が空くのを待たなければならない。空いている時間を見つけて一気に電話しよう。こうした同じタイプの仕事はまとめてする方が効率がいい。

３人の保護者に電話する場合、電話の場所に行って１人目の保護者にかける。自分の席に戻って別の仕事をする。そして、また電話の場所に行って、次の保護者に電話する。動線だけを考えても時間のロスがわかるだろう。他の仕事を思いだす作業にも時間がかかる。

ある保護者に電話をする。うまくつながり話をする。その後、また、違う保護者にすぐに電話する。こうすれば時間を有意義に使える。

こういう仕事の連続が時短につながる。

!注意点

仕事をこなすという意識が高すぎて、保護者に寄り添った話し方になっているか、謙虚であるかを考えて電話をしよう。時短を考えすぎることに気をつけよう。

こんなことに注意！

電話の内容によっては保護者が不安や心配を感じていることがあるので、そういう時は私は時間を気にしすぎないようにしている。話をよく聞くことが必要だからだ。間違っても切り上げて早く終わらせようとしないことが大事である。

37

13 隙間時間を有効活用!4、5分の時間がカギ

―ほんのわずかな時間も使えるようにしよう―

仕事術の**ポイント**

☑ 隙間時間を意識し、有効に使おう

☑ 創作的な仕事、考える仕事でなく事務的作業をしよう

☑ たまに出るひらめきを小メモ帳に記録しておこう

1 隙間時間を意識し、有効に使おう

どんな時に、隙間時間があるか?

少しの時間を大切にしよう。塵も積もれば山となる。

①給食を早く食べ終わった時

②朝早く教室に行き、子ども達を待っている間

③印刷の製版を待っている間

④大テストをさせている時

⑤図書の時間

⑥学級会で係活動をさせている時の少しの時間

⑦職員室から教室に行くまでの時間

⑧会議の場所に行き、待っている少しの時間

⑨学校内でたまにある講演会での待ち時間、休憩時間

⑩電車に乗っている時間(ひらめきメモ等)

> **! 注意点**
>
> 無理して仕事をしなくてもいいが、忙しい時に何に使うかを考えておくだけで時間の使い方が変わってくるので、できる時は仕事をしよう。

2 創作的な仕事、考える仕事でなく事務的作業をしよう

隙間時間は、1〜5分程度の時間。そして、子どもが近くにいる時は集中しにくい。

> 急に仕事や対応に追われることがあるので、いつやめても問題ない仕事をしたほうがよい。

①テストの丸つけ

②出席簿をつける

③ハンコ押し

④避難訓練などの行事の提案文章の確認

⑤机上の片付け

⑥連絡帳データを保護者に送信

⑦一筆箋に書くための子どものよい行動をメモする

⑧備忘録を見て何の仕事があるかのチェック

⑨委員会や各学校からの連絡メールの確認

⑩洗い物（食器や雑巾など）

⑪回収物のチェック

⑫PCに載っている掲示板チェック

> **! 注意点**
>
> よく考えないとできない仕事はしないほうがいい。中断した時に、改めてもう一度考え直さす時間がもったいないからだ。思いついたことをメモするぐらいの仕事の方がいいだろう。

3　たまに出るひらめきを小メモ帳に記録しておこう

時間が大きく空いている時、真剣に考えている時には思いつかないアイデアが出ることがある。こんな時に小メモ帳を持っておいて記録しておけば、時間の有効活用が得られる。お勧めである。

　お風呂でリラックスをしている時、トイレに行っている時、通勤中などに突然ひらめくことがある。授業のこと、子どものいいところ、語り、校務分掌のことなどさまざまなことを思いつく。

　私は、小さなメモ帳をカバンの中にいくつも入れている。また、学校ではポケットにもペンと一緒に入れている。

　隙間時間の有効活用と少し違う概念かもしれないが、小メモ帳を持っておくと時間の有効活用が得られる。また、後で創作的な仕事のヒントにも使える。

こんなことに注意！　　こんな方法もあります　　＋時短のポイント

> 隙間時間を有効活用することに終始しすぎて、隙間時間をうまく使えない時に、ストレスをためないようにしよう。また、急な変更や対応を求められた時でも喜んで、その対応をするようにしよう。時短に捉われすぎないように注意が必要だ。

教材研究の準備は計画的にしよう
―教材研究は学級運営の生命線、しっかり時間を確保しよう―

仕事術の**ポイント**

☑ **教材研究の時間をしっかり確保しよう**
☑ **教材研究の手順にならって取り組もう**
☑ **次回その学年を持つときにゼロからのスタートにしないように**

1 教材研究の時間をしっかり確保しよう

新任の時は土曜日、現在は水曜の放課後に2時間ぐらいかけて、一週間分の教材研究をしている（今はなくてもできるが自信をもって対応するためにそうしている）。
特に理科と初めて受け持つ学年の時は、時間を多く取っても真剣に考えよう。

　教材研究に限っては時短をあまり考えないほうがいい。先行投資と思ってしっかりと教材研究をしよう。

　それでも時短術は確かにある。最近のユーチューブは発達しているので、例えば道徳なら吉田高志先生がかなり多くの内容を紹介している。TOSSランドにもいろいろな方法が紹介されている。（TOSSランド＝https://land.toss-online.com/）

　そして、各教科これという本を一冊買うのがいい。そこにお金はケチらない。教材研究は、先人の知恵を元に考えるのが時短になるし、ポイントを外さなくて済む。

! 注意点

　教材研究をしておかないと授業がボロボロになる。子ども達が退屈がり、授業が楽しくなくなる。そしてトラブルが増えて、その対応に追われ、さらに教材研究ができなくなるという悪循環に陥る。

2 教材研究の手順にならって取り組もう

教材研究を毎日1時間分だけするのは非常に効率が悪いので、1週間分まとめて考える方がいい。全体の流れと軽重がわかるからだ。また必要な道具も前もって余裕を持って用意ができる。さらに教材研究の手順にならっていれば無駄な時間を使わなくて済む。

⓪その単元のテストをみる。

①一週間の授業進度の確認、やることを簡単に書く

②一時間で進める分量を確認

③その一時間で身につけさせたいことを決める

④どの部分の活動に時間をかけるか

⑤思考場面をどこにするか

が教材研究の手順である。

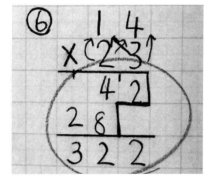

　算数ならば、本時の習得させたい内容を見つけ、難しく、間違えやすいところを見る。そして、基本型を作る（間違いを防ぐ型のようなもの）。図の上は、階段を書くことで、書き間違いを防ぐ基本型、下は帯分数を仮分数に直す時の計算間違いを防ぐ基本型。

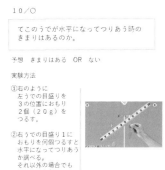

3　次回その学年を持つときにゼロからのスタートにしないように

PP（パワーポイント）で教材研究ノートを作り、残しておこう。そうするだけで、次の学年を持つときに楽になる。6年の理科を3クラスに授業することになった。その時は全てPPで作ってみた。必要な道具も記録しておいた。これでゼロからのスタートにならない。

　作るのに時間はかかるが、3クラスとも同じようにできる。

　右はPPの画面の一つ、NHK for Schoolの動画なども取り込んでいる。

　教材研究ノートは毎年残すようにしよう。それを、ためていくことで、次回にはゼロからのスタートにならない。

こんなことに注意！

20年以上やっているが、教材研究はやはり大事である。10年ごとに教科書の内容も変わるし、子どもによってやり方も変わってくるので、常に研究を続ける方がいい。教材研究だけは、別に時短にならなくてもそれ以上の価値があると思っている。

連絡帳は基本、朝一番に書かせよう

―朝のルーティーンがしっかりできれば仕事は進む―

仕事術の**ポイント**

☑ 連絡帳を朝に書かせると、子どもへの連絡忘れを防げる

☑ ついでに手紙や宿題を取らせよう

☑ 朝のルーティーンを作ると学級が安定して教師の仕事が加速する

1 連絡帳を朝に書かせると、子どもへの連絡忘れを防げる

連絡帳に保護者から連絡が書かれていても、子どもが出し忘れることはある。それを防ぐためにも、朝に連絡内容を書かせて提出させるようにするといい。子どもが連絡帳を開いた時に、保護者の記述を見て、思い出すことが多いからだ。

　2年生以上は、連絡帳は朝に書かせる（連絡の内容は黒板に書いてある）。もし、保護者が何かを書いていたら子どもは書く前に気がついて出すことができる。

　何も書かれていなければ、そのまま自分で連絡帳を書いて出すことになる。朝一番にチェックをすることもできるが、遅れて来る子がいるので、掃除の時間の終わりあたりにチェックをし、ハンコを押す（連絡帳は、そのページを開いて出すように係の子どもがしてくれる）。

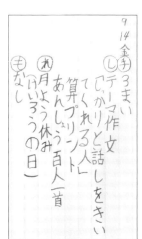

2 ついでに手紙や宿題を取らせよう

朝のルーティーンに「手紙を取る」を組み込むと配り忘れがなくなり、教師の配る時間も減らせる。「教室に入る、ランドセルを片付ける、宿題をだす、手紙を取る、連絡帳を書く」という流れである。念のために係に「手紙を取りましたか」と挙手確認をさせるのも大事だ。

手紙が一枚ならば、教師が配るのもいい。しかし、3枚以上（宿題のプリント含む）あるならば、子どもが取りに来るのがいい。その方が、教師が配らなくて済むし、時短になる。

ほんの少しのことだが、手紙を全員に配るのには、数分は時間がかかる。そういう無駄を減らしていくことが大事である。

3　朝のルーティーンを作ると学級が安定して教師の仕事が加速する

朝にがちゃがちゃすると、子どもが落ち着かない。また、教師も落ち着かない。

朝にやることがしっかりとしていると、朝の教室がシーンとする。すると、急に来たすぐに対応をしなければいけない仕事も余裕をもってこなす時間が生まれる。

「宿題を出す、手紙を取る、連絡帳を書く」で朝の準備は終わりである。その後、子どもたちは、時間まで自由にすごすだろう。

8時30分になったら朝学習か朝の会の時間が5〜10分ほどある。

8時30分ちょうどに、すぐに取り組む子は少ない。「早く座ろうね」というのはあまり言いたくないし、その分、雑務ができなくなる。

私は、できるだけ始めの3分は「宿題を少ししていい」時間を取っている。

そうすると、子どもは意欲的に始まりの時間を守り、しっかりと集中して取り組む。

私が声掛けをする必要もなくなる。このような細かなシステムをいくつも導入することで、学級は安定するし、教師が雑務をする仕事が生まれてくるのである。工夫しよう。

こんなことに注意！　こんな方法もあります　＋時短のポイント

近年、連絡帳の内容をPCから保護者に直接伝えるスタイルに変わった。そのような場合は、連絡帳のところは省き、手紙を取らせ、宿題を少しする（内容の確認のためにも）ことに変えるといい。いずれにせよ、朝のルーティーンを実態に合わせて作ることは肝要だ。

16 給食時間、5分の隙間時間を有効活用しよう

―5分の活用の連続を習慣化する―

仕事術の**ポイント**

☑ **5分でする仕事は頭を使わない仕事がいい**

☑ **10秒アクションを意識しよう**

☑ **5分の時間によい行動をふりかえる癖をつけよう**

1 5分でする仕事は頭を使わない仕事がいい

給食を早く食べ終わる。その後に5分以上時間がある。そんな時は、仕事をするのがいい。結構いろいろなことができる。頭を使わない仕事がいい。この5分は子どもが近くにいるので、想像以上に教師のアドレナリンが出ているので、仕事が進む。

　少しの時間だが馬鹿にならない。やっていることは以下である。

①教室の教師机の整理や教師の物の整理

②テストや宿題の丸つけを少し

③話す用事がある子がいてその子が食べ終わっていたら話す

④備忘録の確認。給食後に忘れてはいけない指導の確認

⑤教師が使用する鉛筆（＝貸し出し用鉛筆）をけずる等

⑥放課後にする予定の仕事を少しする

> **！ 注意点**
>
> 　大事な隙間時間であるが、子どもとの雑談も忘れてはいけない。
> 　一番大事なのは子どもである。
> 　雑談を忘れてまで、仕事に没頭はしたくない。自戒する。

　ここで雑務的な、頭を使わない系の仕事をしておいて、放課後に創作的な仕事に十分な時間を回せるようにする。

　雑務系を率先してやっていくと他の仕事に時間をじっくりとさけるようになる。

2 10秒アクションを意識しよう

この時間は、子どもが給食を食べるのに集中しているのでいろいろとできる。例えば、お休みの子のお兄ちゃんに手紙を届けに行くなどだ（通常は、係に行かせるが一年生時は担任が行かないといけない）。他には、テストの丸つけをするなどだ。

　この時間は、子どもが給食を食べるのに集中しているのでいろいろとできる。テストの丸つけ、ゴミ袋の交換など、わずか10秒でもいいので、少しでも「動く」ことを意識するといい。

①ゴミ袋をきれいなものに変える
　（給食を返すときについでに捨てる）
②隣の先生に一分程度の連絡を伝える
③子どもの様子のすばらしいところを写真にとる
　（後で通信に載せる）

など、とにかく少しでも動く。

　「10秒アクション」という言葉がある。「たった10秒でも行動に写せば脳の側坐核が刺激されてやる気スイッチがオンになる」（大平信孝『やる気に頼らず「すぐやる人」になる37のコツ』かんき出版より）とあった。

　そういうことの連続で仕事は意外と進んでいく。数分でも無駄にはできない。

　習慣にすると10分は浮くだろう。

3　5分の時間によい行動をふりかえる癖をつけよう

学級が安定している時にできる仕事。このわずかな時間に子どものよいところをメモしたり、2、3人の日記のコメント書きをしたりする。お勧めは、一筆箋。子どもが身近にいるので、子どものよいところを思い出しやすいからだ。

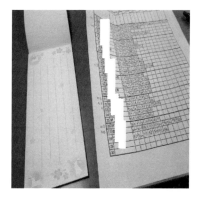

　子どもを認める、ほめる癖をつけたいと思っている。一筆箋に書く場合もあるし、黒板に書いて後でそれを見て、全体に紹介をするときもある。

　こういうことを5分の時間に習慣づけておくといい。教師の思考にもよいところを見つける癖がつく。そして、子どもも教師のそういうところを見るようになる。

　そうすると、さらにクラスはよくなり、トラブルも減っていく。

こんなことに注意！　　こんな方法もあります　　＋時短のポイント

短い時間にする仕事は4、5月はできないことが多い。それにイライラしてはいけない。「6月ぐらいからはできる。また、10回中、7回できたらラッキー」と思っておく。当たり前と考えないようにすることで平常心で仕事ができる。

17 重たい仕事のこなしかた
―研究主任の仕事を例にして―

仕事術の**ポイント**

☑ **すべきことを箇条書きにする**

☑ **先輩の教員に確認する**

☑ **少しずつ余裕を持って進める**

1 すべきことを箇条書きにする

例えば、初めて研究主任になると、仕事を何から始めていいかわからない。まずは、仕事を整理することが大事だ。「何をするのかを箇条書きしてみる」ことから始めよう。

箇条書きの例

①研究授業のコーディネート

②研究授業の講師を呼ぶ

③講師を依頼する金額などを設定する、確認する

④年に何回研究授業をするのか、管理職に確認する

⑤研究テーマなどの伝達

⑥次の年のテーマはどう決めるか

　これはあくまで例であるが、このようにとにかく書き出してみる。そして、これをベテランの先生や研究主任の経験者に確認すると、全体像が見えてくる。

　こうした重たい仕事は、まずは俯瞰してみることだ。

> **! 注意点**
>
> 　学校や管理職によって求められることは違う。まずは、仕事を俯瞰することが大事である。
> 　その後は、管理職や学年主任の先生の話もしっかりと聞くことが大事である。

2 先輩の教員に確認する

すべきことを箇条書きにして、前任の先生がいれば、引継ぎをして管理職から話を聞いて、仕事をまとめていく。そして、48ページの表のようなものを年間を通して作る。そこからは、管理職や学年主任の先生に確認しながら着々と進めていく。

今回は、研究主任の話だが、教務主任、生活指導主任、体育主任も同様に重い仕事である。下記の各データは学校に合わせて改良して使っていただきたい。

【各主任の仕事データ一覧】

○研究主任の仕事　　○学年主任の仕事
○体育主任の仕事　　○生活指導主任の仕事
○視聴覚主任の仕事　○学級担任の仕事

各データはこちらから

＊学事出版HPからもご利用になれます→P110

> **! 注意点**
>
> 　O市で経験をしたことを基本として作っている。市によって全く仕事の分量が違うので、しっかりと確認をして、書き換えて使って頂きたい。学期末に再度修正をして、４月から同じ仕事を担当する方に渡すといい。とても感謝される。

③ 少しずつ余裕を持って進める

一つひとつの仕事がとにかく時間がかかるので、毎日、30分〜１時間ぐらいかけて仕事を少しずつ進めよう。研究主任の仕事では、特に研究授業をする学年、講師との調整に苦労をするので、とにかく余裕を持つことだ。

　研究授業をする学年を決めるのは、学年主任との連携が必要だ。

　また、講師調整は、すでに決まっている場合はいいが、決まっていない場合は選ぶことからしていかないといけない。アンケートを取って決めていくのにも時間がかかる。

　はじめは時間がかかるが、その枠組みを作っておけば、翌年からは楽になるので、最初の一年は時間がかかるものと思って仕事を行おう。

> **! 注意点**
>
> 　学年やクラスによっては研究授業を歓迎されないこともあるので、気を使いながら調整することが大切だ。
>
> 　研究授業前は声をかけたり、終わった後に、お菓子を配ったりするのもいいかと思う。そういう配慮がないと関係が崩れていく。

こんなことに注意！　こんな方法もあります　＋時短のポイント

人が関わる仕事は、時短を図らないほうがいい場合が多い。研究授業前の日には、あえて少し残るなどの配慮も時には必要である。また、定期的な声掛けもしたい。自分だけの仕事ではない時こそ、「時短、時短」とならないように留意しよう。

研究主任の仕事一覧

月	行事	やるべき仕事（時間がかかるもの）		
		月の上旬	月の中旬	月の下旬
4 上 中 下	入学式 始業式 会議多数 初地域子ども会	○引継ぎをする。 （去年の資料をもらう。） ○研究教科の確定（普通前年度に決まっている。） ○研究の流れをつくる。 ○4月研究推進会の仕事をする。 ○一年間の流れを確認。	○研究授業の月を決める ○校長先生に講師を推薦してもらう。 ○研究の講師の日程を決める。 （5月半ば以降） ○研究授業の日程について考えていく。 ○研究推進委員会実施	○5月はじめの研究全体会のことをする。 ○研究教科アンケートを作る。検討をしてもらう。 ○研究授業の日程をきめる。
5 上 中 下	 学習参観	○指導案の見本をつくる。 （半ばまでに） ○全体研修会で何を知りたいかをアンケートをとる。	○講師をよんで全体研修会を5月半ばから6月に行う。 ○今年度の全体研修についてのアンケートをとる。	○読書タイムの実施 （初年度なら2年目なら、少し早目にする。） ○研究教科アンケートを印刷、配布し、実施してもらう。 ○研究授業日程を決定。 ○今年度の全体研修の決定、連絡（6月はじめでもいい。）
6 上 中 下	 初縦割り活動 プール開き	○研究授業カメラ番、当議会の担当学年などを発表 ○研究推進委員会実施 ○第一回研究授業の候補の日をその学年にいくつか候補を言う。	○第1回研究授業指導案の検討会 ○研究授業、研究当議会の連絡を二日前に全職員に配布 ○2ヶ月前には授業の日を決める。	○第1回研究授業、研究当議会 ○第2回研究授業指導案の検討会 ○第2回研究授業、研究当議会の連絡を二日前に
7 上 中 下	 終業式	○第2回研究授業、研究当議会 ○	○ 夏休み ○	○ ○
8 上 中 下	プール指導	○2学期以降のすることの確認。先にいくつかする。 ○	○ ○	○研究推進委員会のこと ○

			2学期		
9	上	始業式 作品展	○第3回研究授業指導案の検討会	**○第3回研究授業、 研究当議会**	○研究紀要についてのことを考える
	中		○第3回研究授業、研究当議会の連絡を二日前に		
	下	運動会	**○研究推進委員会実施**		
10	上		**○研究推進委員会実施**	○第4回研究授業指導案の検討会	○第5回研究授業指導案の検討会
	中	縦わり遠足	○研究紀要についての提案	○第4回研究授業、研究当議会の連絡を二日前に	○第5回研究授業、研究当議会の連絡を二日前に
	下	修学時健康診断		○研究紀要のこと **○第4回研究授業、 研究当議会**	○研究紀要のこと
11	上		○研究紀要についての作成日程などを伝える。	○研究紀要について考えてできることはやっていく。	○研究で買った者に貼るシールを作る。
	中	学習発表会（作品展の場合は学習参観	**○第5回研究授業、研究当議会**	○研究紀要の送付場所を確認	○第5回研究授業指導案の検討会
	下				○第5回研究授業、研究当議会の連絡を二日前に
12	上		**○研究推進委員会実施**	○研究紀要発送についても考える。	○研究紀要の管理職分を渡す。
	中	期末懇談会 通知表	○国語科診断をとると連絡		
	下	終業式	**○第6回研究授業、研究当議会**		
			3学期		
1	上	始業式	**○研究推進委員会実施** **○次年度の研究教科についてのアンケートを作る。**	○診断のこと集計方法	○予算委員会のことを考える。アンケートをだす。
	中				○研究紀要の相互点検について考え、提案する。
	下				
2	上		**○研究推進委員会実施**	○研究紀要の送付案内について考える。	○研究紀要の送付準備
	中		○研究教科アンケートを印刷、配布し、実施してもらう。		
	下	学習参観・懇談	○2月1日から診断開始		
3	上	通知表	○引継ぎの準備。 （書類、データをまとめ。）	○次年度の研究の方向性を作成する。	○同じ仕事が来ると考え、4月分をする。
	中		○研究紀要の送付		
	下	卒業式 修了式 入学式準備	（研究部か研究推進委員会メンバーを使う。）		

難しい仕事、確認してもらう仕事は分けて行おう

―学年通信、通知表作成を例に―

仕事術の**ポイント**

☑ **仕事を分けて行う例1　学年通信づくり**

☑ **仕事を分けて行う例2　通知表、所見づくり**

☑ **仕事を分けて行う例3　通知表、成績評価づくり**

1　仕事を分けて行う例1　学年通信づくり

人に確認をしてもらう仕事と言えば、学年通信作り、通知表の所見作りがある。1日、2日では終わらない。また、通知表の成績評価作りは10日以上はかかる。こういう仕事は分割して行う必要がある。計画的に行う例を挙げてみる。

定期的に行う学年通信作りの例

1日目　去年の学年通信を見て使えるもの、変え
　　　　なければいけないものを判断し、すでに
　　　　日程がわかっていることを埋めておく。

2日目　見直した後に学年の先生に回す。

3～4日目　修正を入れ管理職へ渡す。

5～6日目　管理職の修正を反映する。

7日目　印刷。

＊大体、7日くらいはかかると思っておこう。

2　仕事を分けて行う例2　通知表、所見づくり

通知表の所見の仕事はかなり時間がかかる難しい仕事なので、日頃からの記録が大事になる。児童の特質やよいところをメモし、さらにアンケートをとっておく。念のため、所見集の本を参考にし、学期末に時間をかけて作る。

メモをとるのは、少しずつ時間をかけ、行事の時に特に頑張った子を４、５人書いておく。

アンケートも学期末にとっておけば懇談にも使える。これを参考にして、成績がよい教科のものを参考に所見を書いていく。

教科の所見例：「算数科『資料の特徴を調べよう』では、集団の特徴を表す値としての平均のよさに気がつき、度数分布表や柱状グラフも確実に読み取ることができました。友だちが困っていることがあれば、すぐに助けに行く姿を一年間通して見かけることができました。すばらしいことです」

⚠ **注意点**

各学期に所見を書くのと年に１回の所見書きでは条件が変わる。

各学期ならば、成績や行事について多めに書く。しかし、年に一回、あるいは三学期に書く所見は、子どもの生活態度と長所について書く。

教科を所見に入れる場合、現在の自分の勤務地域ではこのくらいの分量になる。

なお、過去に書いた所見の分例集は残しておくとよい。また同じ学年を持った時に、参考になるからだ。

③ 仕事を分けて行う例3　通知表、成績評価づくり

日頃のテストの点数をつける、授業態度をみる、ノートの内容と丁寧さを見る、そしてテストの平均点をつける。本校は平均95点前後をとらないとＡにならない。それをもとに１〜３の評価をつける。まずは、こうした手順を抑えることから始めていく。

右のような手順表を作ると仕事が早く進む。

（完全版は、次頁に掲載）

それをもとに、計画的に仕事を進めていく。

大体、計画よりも２、３日遅くなるものと思って進めるとあせらずに確実にできる。

「○○年作成の流れ」

○○年作成の流れ

1回目　6月20日、11月20日、2月20日開始

①総合の特性に○をつける。
②行動の記録の特徴に○をつける。

2回目
①係をいれる。（クラブ、委員会も）
②成績の○つけ。特性あがるものに、○をつける。１回目。半数の人数。

3回目
①所見を少し書く。よい項目をかく。サッカー○。算数○など。
②その項目についての文言を考える。「リフティングを２０回以上できる。」など
③成績の○つけ。特性あがるものに、○をつける。２回目。全員。

＊学事出版HPからもご利用になれます→P110

こんなことに注意！　　こんな方法もあります　　→時短のポイント

通知表の所見の量、内容、成績のつけ方は地域によって違うので、自分によいやり方をみつけよう。いずれにせよチェック表を作ると計画的にすることができる。

＊データを改良して使ってもらっても構いません。

○○年作成の流れ

1回目　6月20日、11月20日、2月20日開始

①総合の特性に○をつける。

②行動の記録の特徴に○をつける。

2回目

①係をいれる。（クラブ、委員会も）

②成績の○つけ。特性あがるものに、○をつける。1回目。半数の人数。

3回目

①所見を少し書く。よい項目をかく。サッカー○。算数○など。

②その項目についての文言を考える。「リフティングを20回以上できる。」など

③成績の○つけ。特性あがるものに、○をつける。2回目。全員。

4回目

①所見を書く準備、アンケートも手に入れる。

②英語の項目に○をつける。

5回目　7月5日、12月1日、3月1日開始

①所見をかく。

※一気に10人ぐらいかいたほうがいい。1時間以上とる。

6〜8回目

①通知票をしあげる。

9回目

①市のパソコンソフトに通知表データをいれる。

②PDF化をする。

10回目　〆切日1日前に。

①印刷をして、提出。（管理職に所見をみせる。）

11回目

①出席日数などもいれる。

②訂正などをする。

③PDF化して、最終確認をする。教務PCにデータをいれる。

完成！！

（　）学期　アンケート　（6、11、2月上旬に実施）

（　　　　　）ばん　なまえ（　　　　　　　　　　　　）

1	かかり、当番の名前 ※高学年はクラブ、委員会も	
2	会社の名前	
3	好きな授業	
4	学校は楽しいですか。	
5	クラスで、よく話す 友だちはだれですか。	
6	やすみじかんは よく何をしていますか。	
7	（　）学期に がんばっていること	
8	友だちのいいところを 名前をつけて、くわしく かいてください。	
9	（　）学期は 何をがんばりたいですか。	

＜7のれい＞「かんじテストでいつも100てんをとることができました。」「なわとびをまいにちやすみじかんにしました。」「こくごのじかん、ノートにかんがえを15ぎょういじょうかけました。」

＊学事出版HPからもご利用になれます→P110

付箋を有効活用しよう

―付箋の活用には10以上の方法を駆使しよう―

仕事術の**ポイント**

☑ ほめる、連絡、マニュアル作り、指導忘れ防止に使おう

☑ 仕事忘れ防止、着目のためにも使うと効率アップ

☑ 締め切り書きと情報掃き出しの貼る場所を意識しよう

1 ほめる、連絡、マニュアル作り、指導忘れ防止に使おう

付箋の活用は、基本、忘れ防止につながる。また、思い出しにかかる時間をなくすことになる。自分に命令をするつもりで付箋に書いて、その通りに仕事を行うだけで、いろいろなことがスムーズに進む。

①頑張った子の名前を書く。

　後でほめたり、一筆箋を書いたりする時に使う。

②先生方への連絡（子どもへの連絡）に使う。

　例　○○先生、山本東矢です。月曜日の図書の時間ですが、25分だけでいいでしょうか。すみませんが、ご検討ください。

③初めての仕事をした時に、仕事をした手順を大まかに書く。

　これを元にマニュアルを作る。

④忘れたくない指導について書く。

　毎日その付箋は最新日に動かし、その仕事が終われば取る。

　例1）体育の着替え前に、パンツ一丁にならないように言う。

　例2）「ろうかは走らないよ」と休み時間が始まる直前に言う。

2 仕事忘れ防止、着目のためにも使うと効率アップ

仕事は細かなことの連続である。自分にあった付箋活用術を身につけよう。「こんなことで？」と思う細かいことに使うことが私は大事だと考える。仕事忘れを防ぎ、仕事が早くなれば、信頼につながる。

⑤備忘録を見て思い出してからでは遅いことを書く。

　携帯や財布の定期に貼れば忘れなくて済む。

⑥子どもが忘れ物を何回もした時に、それを書かせるために渡す。

⑦タックシールのように使う。

　備忘録や教科書でよく開くページにつけると探す時間が短縮できる。

⑧教育技術で役に立つことをメモする。

　備忘録の土曜日のページに貼って休みの日に見返す。

⑨ふと思い出した仕事を書いて備忘録に貼る。

　※例えば、原付の点検など。その仕事をいつにするかを後で動かせるように、付箋に書く。

⑩文字を隠すために使う。

> **(!) 注意点**
>
> 　いつでも使えるようにしておかないと付箋は意味がない。
>
> 　カバン、職員室の机、教室の机に必ず入れておく。胸ポケットなどに少し入れておくのもいい。

3　締め切り書きと情報掃き出しの貼る場所を意識しよう

付箋に締め切りを書くだけでも仕事の段取りが変わってくる。また、字の上手下手を気にせずに書きまくっていこう。使えなかったら捨てればいいのである。もったいないと考えていてはいい仕事ができない。

　「とりあえずの締め切り日」を書こう。例えば、絵具の購入希望の封筒（代金入り）を預かっていて、その封筒の提出者の確認は4月27日が締め切りだとする。いくらか封筒が集まった時に、「絵具封筒の確認、4月25日」と書く。大事なのは、締め切り前の日を設定することだ。そうすると、当日に出していない子に、すぐに伝えられる。

　また、付箋に書く字はきれいでなくても自分が読める字でいい。また、付箋に初めに書くことは取捨選択をしないで、情報の掃き出しだけでいい。

　貼る場所も大切だ。せっかくのよい情報も見なければ忘れてしまう。授業中や子どもがいる時に必要な情報は机の上に貼ったり、パソコンの近くに貼ったりしよう。

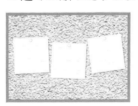

こんなことに注意！　　こんな方法もあります　　＋時短のポイント

付箋はとにかく大量に用意する。絶対におしまないで、いくらあってもかまうことはない、と思う方がいい。結果的に上手く使えば時短になって得になるはずだ。なお、一気にホームセンターなどで大量に安いものを買うことをお勧めする。

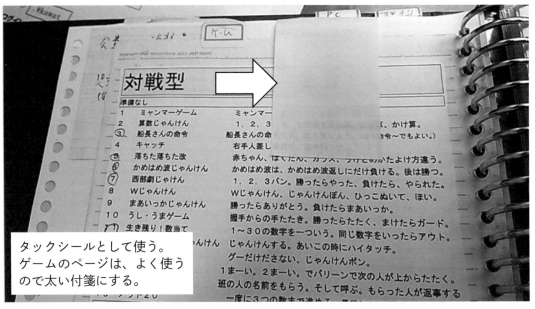

タックシールとして使う。
ゲームのページは、よく使う
ので太い付箋にする。

「マウス二つ買う」
携帯に貼っている
ので、忘れない。

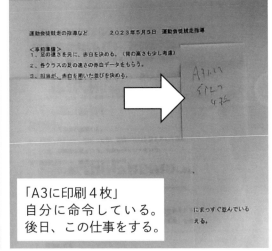

「A3に印刷4枚」
自分に命令している。
後日、この仕事をする。

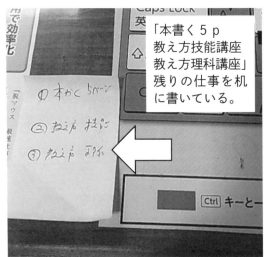

「本書く5p
教え方技能講座
教え方理科講座」
残りの仕事を机
に書いている。

「水を買う」「ハコテイッシュ」
定期の上に貼っているので、
忘れにくい。

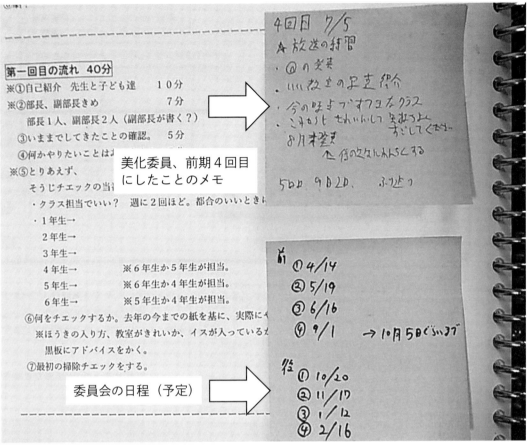

第一回目の流れ　40分

※①自己紹介　先生と子ども達　　　10分
※②部長、副部長きめ　　　　　　　7分
　　部長1人、副部長2人（副部長が書く？）
　③いままでしてきたことの確認。　5分
　④何かやりたいことは〜
※⑤とりあえず、
　　そうじチエックの当〜
　　・クラス担当でいい？　週に2回ほど。都合のいいときに〜
　　・1年生→
　　　2年生→
　　　3年生→
　　　4年生→　　　※6年生か5年生が担当。
　　　5年生→　　　※6年生か4年生が担当。
　　　6年生→　　　※5年生か4年生が担当。
　⑥何をチエックするか。去年の今までの紙を基に、実際に〜
　　※ほうきの入り方、教室がきれいか、イスが入っているか〜
　　黒板にアドバイスをかく。
　⑦最初の掃除チエックをする。

美化委員、前期4回目
にしたことのメモ

委員会の日程（予定）

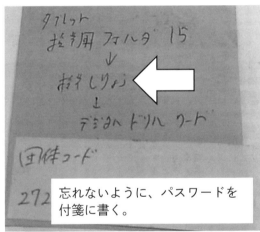

忘れないように、パスワードを
付箋に書く。

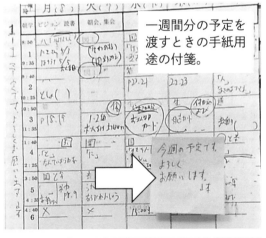

一週間分の予定を
渡すときの手紙用
途の付箋。

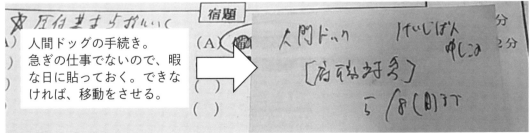

人間ドッグの手続き。
急ぎの仕事でないので、暇
な日に貼っておく。できな
ければ、移動をさせる。

一年の最後に仕事の履歴を残そう

―立つ鳥は跡を濁さない―

仕事術の**ポイント**

- ☑ **引継ぎまでしっかりやるのが本当の仕事**
- ☑ **データは工夫と整理をしてから残そう**
- ☑ **引継ぎ資料、見本「○○の仕事一覧」**

1 引継ぎまでしっかりやるのが本当の仕事

自分の仕事が楽になることだけではなく、他の先生も楽になるようにしよう。また、同じ学校にいて仕事が変われば、結局前の仕事について質問をされる。その回答をするのに時間がかからないように前もって引継ぎをしっかりした方が楽である。

引継ぎは春休み中にする。前もって仕事を引き継ぐ人が決まっているなら、自分から声をかけよう（教務主任や研究主任、体育主任など大きな仕事は事前に管理職から教えてもらえる場合もある）。

実際に、教務主任の仕事と通知表担当の仕事をしていた時は、引継ぎのために作成したデータの場所とマニュアルのことを春休み中に連絡をしたところ、相手の先生は喜んでいた（仕事の量の多さにはびっくりして、憂鬱そうではあったが、時間をとって伝えたことには感謝された）。

> **！ 注意点**
>
> 引き継ぐ人が仕事の内容を中々わからない場合でも、自分が転勤しない場合は直接伝えられるから問題はない。しかし、転勤する場合は、管理職やその部の長の先生にも伝えておこう。

2 データは工夫と整理をしてから残そう

仕事の履歴は、作成したワード文章やエクセル文章をきちんと残すのが一番いい。その時に、タイトルを工夫する。日付を入れる。タイトルの最後に「学年だよりに載せる」などを入れておく。そのような工夫が次にする人の仕事忘れを防ぐことになる。

📄	4月1日	くつ箱配置　2021年度　教務主任
📄	4月1日	2　iFuture操作マニュアル_007_授業時数・週案　紙資料は
📄	4月1日	14 iFuture操作マニュアル_023_教職員管理
📄	4月1日	16 iFuture操作マニュアル_026_児童生徒管理
📄	4月1日	17 iFuture操作マニュアル_027_学級設定・学級編成・学級児童生徒
📄	4月1日	2021年用　3、学用品済　2　教務主任＆学力部からの連絡　学年だよりに載せる
📄	4月1日	学期はじめ　指導要録の仕事について　山本2
📄	4月1日	学級設定　の仕方　4月1日
📄	4月1日	教務部からの連絡と仕事まとめ　チェック表　山本東矢作成 2022年4月1日
📄	4月1日	担任の先生がifutureですること改訂4　4月5日教務部3　2022年4月1日
📄	4月2日	名前の直し方1　ifutureの名前表記の件
📄	4月2日	名前の直し方2　ifutureの名前表記　画像
📄	4月4日	する仕事　補足　おくらなくてもいい回覧板に　教務だけがしっておけ　学級設定　の仕方　4月1
📄	4月5日	教務部のみに　1　教務部の仕事マニュアル
📄	4月5日	配る　表簿取り扱い手引きdocx
📄	5月12日	指導要録、オンライン授業日数について　画像
📄	5月12日	指導要録、オンライン授業日数について
📄	5月19日	通知表に関わる作業について 1、2、3学期　2022年1学期　5月25日ぐらいに配る
📄	6月1日	道徳所見の書き方例1

教務主任の仕事デー
タの一部。データを職
員に周知した日を左側
に入れてある。

この日付を見ると、
仕事の概略と忙しい時
期をつかめてよい。

「教務主任の仕事」
データ

＊学事出版HPからもご利用になれます→P110

③　引継ぎ資料、見本「○○の仕事一覧」

データの場所を示すだけではなく、資料も渡すのだが、その中でどのような仕事があるかの
一覧表のようなものを示すと親切である。私が新たな仕事をする時は、それを作り、仕事を
俯瞰している。初めから作られているなら、とてもありがたいと思う。

　2〜6pでまとめる。見
やすくするために、空白を
入れてゆったりと作る。仕
事の頻度、重要度に応じて、
文字の大きさ、色も変える。
さらに、大体いつ頃、どれ
くらいの頻度でその仕事が
あるかも書いておくといい。
＊本章17（47ページ）参照

教務主任の仕事

＜基本の仕事＞

①教務主担者会にでる。　　　　　　　　　　　　　　　　学期に1回
　　Ifuture関連のことが多い。
②教務主担者会の報告　　　　　　　　　　　　　　　　　学期に1回ほど
　　　　　　　　　　　　　　　　　　　　　上担会が終われば3部会や回覧板で連絡
③管理職に頼まれた仕事など　　　　　　　　　　　　　　そのつど（基本あまりない）
④教務部の仕事の全体の確認　　　　　　　　　　　　　　そのつど
　　※ただ、これはほとんどしていない。各主担当の人に任されている形になっている。

＜3月、4月の仕事　＞

①印箱の引継ぎについて　　　　　　　　　　　　　　　　3月15日以降
　　3月末に並べて変えてもらう。Aクラス、Bクラスと印箱の上に貼る。次学年のロッカーにいれる。

こんなことに注意！　　~~こんな方法もあります~~　　~~＋時短のポイント~~

だいたい校務分掌は2年続きぐらいでするものなので、一気に作る必要はない。とりあ
えず、翌年、自分が仕事を思い出すのに時間を取られないように不完全でも作っておく。
そして、2年目に修正してよりよいものを作る。時間がある夏休みや冬休みに作業しよう。

効率アップのための
微差仕事術

スマホのLINE(ライン)を効果的に使おう
―LINEを使いこなせば仕事が超加速する―

仕事術の**ポイント**

☑ 個人のLINEグループをメモ帳代わりに使おう

☑ PCと同期することで、家での仕事にすぐ使える

☑ 音声メモは超有効。マニュアル作りなどのとっかかりにしよう

1 個人のLINEグループをメモ帳代わりに使おう

学校に向かう途中、帰る途中にいろいろと思いつくことがある（シャワーを浴びている時、トイレに行っている時もよく思いつく）。家にいない時は、自分だけのLINEグループを作りそこにメモをする。そうすることで、よいアイディアを忘れなくて済む。

> 褒める観点を増やし、✓表を作ろう。
> 会えて褒めない。何も言わない時期を作るもいれて。
> 午前 7:19
>
> 掃除の様子をほめる。
> 人のためにした行動をほめる。
> 努力したことをほめる。
> できないことに挑戦したことをほめる。
> 時間を守ったことを褒める。当たり前のことを自然にできていることをほめる。
> 元気に学校にきてくれたことに感謝する。
> 間違えてもへこたれなかったことをほめる。
> 普通にすごしていることをほめる。
> 教師が褒めすぎない時期を会えて作る。
> 一筆せんでほめる。
> ほめるを10したら、1は叱ってもいいとする。あえては叱らないが。
> ちえっくばかりがつづかないようにする。
> 午前 7:23

> **! 注意点**
>
> 　右は、ほめる観点ができたことだけでは駄目だと思った時のことを書いている。改行を多めにすると自分はわかりやすい。
> 　正しいことでなくてもいい、とにかく思ったことを書く。修正は後でいくらでもできる。

2 PCと同期することで、家での仕事にすぐ使える

LINEはPCに同期できる。LINEに入れた文字をすぐにコピペして、家のPCで使うことができる。LINEに入れた動画や音声メモもすぐにダウンロードできる。こうすると、とても時間が短縮できるし、学級通信作成などでも役に立つ。

「LINE（ライン）PC版をダウンロード」と検索すれば、出てくる。それをダウンロードして、同期するだけである。始めは、手間がかかるが、一度できると、その後もすぐに使えるのでその価値は十分にある。写真のデータをPCに反映させるのに、特に重宝した。

PCとLINEを同期するといい点として、さらに二つある。

一つ目は、PCは圧倒的に早くLINEよりも文字を入力できるということだ。それをコピペして、LINEで送ると伝達事項がとても早く伝わる。学年の先生にLINEで伝える時も、直接スマホからよりもPCから送った方がいい。

二つ目は、PP（パワーポイント）をPDFファイルなどにして送ることで、スマホのLINEでいつでも見られるということだ。私は教育サークルを運営している関係上、そこで作ったPPを自分の学年に使うことがある。その時は、この方法を使うことで、格段に伝達が早くなった。知っておいて損はない情報である。

３　音声メモは超有効。マニュアル作りなどのとっかかりにしよう

文字入力には時間がかかるが、音声ならば早い。音声文字変換ソフトを使うと、非常に便利だ。誤字脱字はあるが、自分の言ったことなので、すぐに思い出せる。校務分掌で思いついた原稿書きなどのとっかかりに非常に役に立つ。

学校に行くまでの道のりで、前を向いて歩いている時に、スマホの音声文字変換ソフトを使ってメモをたまにしている。

文字入力よりも口頭のほうが早いので、役立つ。自分の反省や改善点を入れている。これは、自分のサークルでの発表にも使える。いちいち家で時間を取って考える手間も省ける。

こんなことに注意！　**こんな方法もあります**　＋時短のポイント

「2022年6年LINE」などのグループ名をつけて、学年LINEを作っている。急に休む時やどうしても必要な連絡はそれでやっている。学校の電話は2、3回線しかないので、非常に素早く連絡ができるので役に立つ。

目につく場所に置いて、忘れ防止
―探す手間省きが仕事術の第一歩―

22

仕事術の**ポイント**

☑ 絶対に忘れたくない物は、目につくところに置く
☑ 机の上に置いてあるものは、その日にやる仕事とする
☑ 必ず目につくところにメモを置くと忘れない

1 絶対に忘れたくない物は、目につくところに置く

忘れないようにするために、ずっと覚えていようとすると疲れるし、日々忙しいと備忘録に書いていても忘れることがある。そういう時は、使う物を必ず目につくところに置くようにすれば忘れない。

! 注意点

誕生日の子を祝うことを忘れることがあった。
この時は、クラッカーを使って子ども達をお祝いしていた年であった。忘れて次の日にお祝いすることほど、子どもに申し訳ないことはないので、絶対に忘れないように目につく場所に置いた。これで忘れることはなくなった。

ここに置くだけで、誕生日祝いを忘れないで済む。

2 机の上に置いてあるものは、その日にやる仕事とする

教室や職員室の机の上は、常に綺麗にしている。もし、何かが置いてあったらそれはその日にするべき仕事である。それ以外の仕事は、備忘録に書いておくようにしている。例えば、明日に懇談日の紙を子ども達に配るならば、日が変わる時に机の上に置いておく。

連絡帳の返事を忘れたくない時は、その連絡帳だけを私が絶対に見るところに置く。

これを成功させるには、常に机を綺麗にしておく必要がある。探す時間を減らすだけでなく、絶対に忘れてはいけない仕事が何かも確認をしやすくなる。

机上整理は、極めて大事な仕事術である。

右上には、道徳の教科書と道徳所見に関する書類を挟み込んでいる。つまり、近々に道徳所見をしなければいけないことを自分に伝えているのである。

③ 必ず目につくところにメモを置くと忘れない

学校に自分の飲み水や箱ティッシュを持っていっている。買うのは、途中のコンビニで買うことが多い。しかし、これを忘れることがある。備忘録に書いていても通勤途中で見ることはないので、後で「しまった」となることが多い。それを忘れない工夫が必要だ。

右のように、定期券のところに付箋を貼ると、さすがに忘れない。駅を出る時に思い出すからだ。

定期券に付箋を貼ることが多いが、たまに、靴の中に付箋を貼ることもある。いろいろな方法で、絶対に忘れない手立てを生み出すことが必要である。

忘れ防止方法は下記のように子どもにも勧めるのがいい。

「連絡帳か、ランドセルか、外靴の底に貼るか、いろいろ方法があるけど、どうする。先生は忘れないようにするために目につく場所に貼るよ。先生も忘れやすいので、いろいろな工夫をしたよ。あなたはどうする。もちろん、これ以外でもいいよ」

こんなことに注意！　**こんな方法もあります**　＋時短のポイント

付箋は色つきなので、必ず目につき、忘れにくい。なお、大きすぎる付箋は、切って小さくしておけばいい。次の日に車で登校するのを忘れないために、車のキーを玄関前の靴の前に置いたりもする。見たら思い出す仕組みが大事だ。

23 場所を変えて仕事をしてみる
―環境によって仕事効率は変わる―

仕事術の**ポイント**

☑ 時には雑談に巻き込まれない場所をつくる

☑ 教室で仕事をする時、職員室で仕事をする時を使い分ける

☑ 喫茶店で仕事をするのも意外とはかどる

1 時には雑談に巻き込まれない場所をつくる

仕事の環境作りは大事である。世間話に付き合うのも大切なことなのだが、余裕がない時には付き合いたくはない。そんな時は集中できる場所を選ぼう。私は、集中したい時は、誰もいない教室で仕事をしている。

〈教室での仕事〉

　①学級の掲示物

　②明日の朝の提出物の用意

　③明日の時間割をホワイトボードに書く

　④教室の掃除、整理

〈職員室での仕事〉

　①校務分掌の仕事（例、体育主任の仕事）

　②職員メンバーとの情報交換

　③世間話、悩み話を聞く

　④他の先生からの依頼を受ける

> **⚠ 注意点**
>
> 　大事なことは、それぞれの場所でする仕事を決めておくことである。
>
> 　これをうまく使い分けることで、仕事がスムーズに進む。
>
> 　よく考えずに仕事の場所を適当に決めるのはやめておこう。それでは計画通りには仕事は進まない。

2 教室で仕事をする時、職員室で仕事をする時を使い分ける

教室でも、子どもがいる時、子どもがいない放課後で仕事内容は変える。

職員室での仕事は、教室での雑務をすべて終えて、帰る間際の仕事をする。

ただし、話しかけられたくないとき時は、ぎりぎりまで教室で仕事をすることもある。

教室で子どもがいる時は、中断してもいい本当にちょっとした仕事をする。例えば、テストの丸つけ。

教室で創作的な仕事はしない。例えば、子どもへの誕生日祝いのコメントカードである。2、3行ならばいいが、5行以上書くものは、しっかりと考えなければいけない。

通知表の所見も教室では基本やらない。子どもから途中で話しかけられると、考えごとが中断される。そうなると、思い出すのに時間がかかり、効率が悪い。

作業を止められる可能性がある状況、作業を止められないと確信できる状況を見極めて、仕事の中身をしっかりと変えよう。

学校の風土、時間帯に応じて、しっかりと仕事ができる環境を考えよう。

③ 喫茶店で仕事をするのも意外とはかどる

週に一回だけ、来週の予定と教材研究の時間を2時間ほど喫茶店で行っている。自宅では子どもが声をかけてきたり、雑用が気になったりして、集中がとぎれる。学校でも声をかけられる可能性がある。自分が集中できる場所をしっかりと考えよう。

私の場合であるが、職員からも話しかけてほしくない時がある。そういう時は学校にいないようにして、「一週間の教材研究」のような創作系の仕事は喫茶店ですることが多い（一人暮らしで特に邪魔が入らないならば家でもいいが）。

喫茶店でお茶やお菓子を食べながら2時間はかけてしっかりと教材研究をするようにしている。

集中できる環境を作るのはとても大事なことである。個々人で模索してほしい。

なお、教材研究をする日は水曜日がお勧めである。木曜日に月曜日の準備ができるからだ。教材研究をしていると、これは余裕のある日にしておくほうがいい、というのがある。前日の放課後や当日の朝にするのは大変なので、水曜日ぐらいが柔軟に対応できる。

こんなことに注意！　**こんな方法もあります**　＋時短のポイント！

音楽を流すのもいい。フロー状態に入る作業用BGMなどがユーチューブにはたくさんある。ジャズの音楽もいい。これをイヤホンで聞くことで、仕事がはかどる。実際、この原稿を書いている時も、音楽をかけて行っている。

「印鑑」「名前印」も使い方で超時短になる

―たかが印鑑と侮るなかれ―

仕事術の**ポイント**

☑ 5秒の時短、「印鑑ホルダー」

☑ 名前印に出席番号を書くことで、戻し間違いを防ぐ

☑ 印鑑はまとめて押す

1 5秒の時短、「印鑑ホルダー」

出張届や確認印などに自分の名前印を押すことがある。その時に、赤スタンプ台を出して、印を取り出して、押して、片付けるなどするのは、あまりに時間がもったいない。ポンで終わる「印鑑ホルダー」を購入しよう。

昔ほど印鑑を押す機会は減ったが、契約書に押印したり、宅配便の受け取りなどでまだまだ名前印を押すことはある。

「印鑑ホルダー」は一度、購入したらインクを変えるのも3、4年は必要ない。

自分も5年ぐらい使っているが壊れていない。連続して押印もできるので、おススメである。

「印鑑ホルダー」と検索すると、すぐに出てくる。持っていない方はぜひ購入を。年間で大きな時短となる。

2 名前印に出席番号を書くことで、戻し間違いを防ぐ

これは先輩の先生に教えてもらった。単純なことだが、目から鱗だった。これをするだけで印鑑を押した後の、「〜さんは何番だっけ？」と名簿を確認するひと手間を省くことができる。

このように、それまでの名簿を見て確認する、という時間を使う必要がなくなった。これも時短のための仕事術である。

> **！ 注意点**
>
> 数字を書くときは、薄くする。そして、反対側には書かなくていい。
>
> そうでないと、担任交代前の2月になって数字を消すときに、大変苦労をする。次の先生に迷惑をかけないよう気をつけよう。

③ 印鑑はまとめて押す

4月は子ども印を押す機会がたくさんある。出席簿、健康観察簿、保健簿など。一回一回取り出して名前印を変えて押し、箱に戻すのは面倒である。まとめてしよう。

まとめて押すには、名前印の用紙を重ねて置くといい。右の写真のように「名前印の用紙の『押印する場所だけ』を開いて並べて重ねる。そして、一人ずつをまとめて順番に押していく（例えば、Aくんなら、Aくんを続けて押す、Iさんなら、Iさんを続けて押す）」。ほんの少しのことだが、出し入れや探す時間の短縮となる。

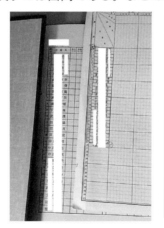

> **！ 注意点**
>
> 「まとめて」は極めて大事な仕事術である。例えば、出席簿は週に1回作業日を決めて、一気に書く方がいい。出席簿を「毎日出して、書いて、片付ける」の作業を4日分浮かすことができる。細かなことだが、この積み重ねが大事だろう。

こんなことに注意！　　こんな方法もあります　　**＋時短のポイント**

時代の流れもあって、出席簿の名前を名前印でなく、名前を印刷したものを貼ってもよい学校が増えた。自治体によって、違うが名前印でなくてもいいかを聞いてみるのも一つの手だ。学校全体の仕事の効率化が進む。

一度に二回分の仕事ができると超お得
―前もっての工夫、発想、準備が大事―

仕事術の**ポイント**

☑ **二つまとめて仕事をするという発想を持とう**

☑ **無駄な往来、行動をしないことで、一度に2回分の仕事ができる**

☑ **ノッている時に仕事をした方が、準備の時間が削れる**

1 二つまとめて仕事をするという発想を持とう

まとめて仕事をするのは時短となる。例えば、段ボールを所定の場所に捨てるとする。子どもにまかせられない場合は、三つぐらい段ボールがたまってから捨てるのがいい。一回、一回、行くのは非常に手間である。

　私の今の学校は、段ボールを捨てる場所が非常に遠いところにあって往復に時間がかかる。これを一回ごとにいくのは手間である。3つぐらいたまってから余裕のある時間帯に行く。それだけで時短となる。

> **⚠ 注意点**
>
> 　あまりに得を考えすぎると上手くいかない時に逆にイライラする。凝りすぎないのが大事だ。また、やり慣れている仕事の場合に限る。

　これは、他のことでも同じだ。例えば、牛乳のストローが残り少なくなって、栄養士さんにもらってくる必要がある。子どもにまかせるのもいいが（1年生の場合はうまく伝えられないし、失礼な言い方をすることもあるので頼めないことがある）、給食を取りに行ったついでに担任がお願いして、用意してもらうのがいい。その場でもらえる場合もあるし、後で、自分の机の上においてもらえる場合もある。

　日常の仕事で、複数同時にできることはないかを考えるのが大切だ。

2 無駄な往来、行動をしないことで、一度に2回分の仕事ができる

職員室と教室の無駄な往来を省こう。行って、戻ってくるだけで3〜5分は使う。例えばチョークが足りないとする。その時は備忘録にメモしておく。放課後に職員室に行って仕事をする時に取っておく。そして、次の日の朝に教室に持って行く。

無駄な行動、待ち時間を減らそう。例えばラミネートをかける機械のスイッチを押して温まるまで１分はかかる。待ち時間をぼやっとして待つのはもったいない。

まずは、ラミネートの機械の電源を入れる。そして、温まるまでの時間にラミネートのフィルムを箱から用意する。そして、資料を挟んでいく。

ほとんど全部が挟めた時に、１分ぐらい経っているので機械が温まっている。そこからラミネートを開始する。こうすることで時間を節約できる（ラミネートに資料を挟んでから機械の電源を入れるのは時間が無駄ということだ）。

これは、印刷機も同じだ。朝一番の印刷機の起動には１分はかかる。だから、朝から印刷する予定があるならば、通りがかりに電源を入れておくだけで待たなくても済む。

3 ノッている時に仕事をした方が、準備の時間が削れる

出張をする時「①PC掲示板に書く、②書類を書く」この二つの作業が必要だ。一月に３回出張をする時がある。そういう時は、第一回目の出張前に一気に書く。PC掲示板を開くのも一回で済むし、ハンコも一気に３回押せる。「一気にまとめて」の考えが大事だ。
毎回毎回その２、３日前にするのはほんの少しの時間の浪費となる。「一度に二回分以上の仕事をする」を心がけよう。

①　チョークが足りなくなりそうな時がある。チョークは職員室にある。緊急で必要ではないが、備忘録に「明日の朝に持っていく」と書く。その時についでに、他の備品が足りなくないかを見て、例えばセロテープが足りなければ「チョークとセロテープ」と備忘録に書く。

　　次の日の朝、教室にチョークとセロテープを持っていくことで、一度で二つの仕事ができる。これもほんの少しの時短になる。
②　誕生日カードをいつも書いている。９月に４人の子が誕生日があって、それぞれ４日、10日、16日、25日だとする。誕生日カードを１日に書くときは、４日の子だけでなく、10日、16日、25日の子を一気に書く。カードを用意し、名前を書き、シールを貼る。
そしてからそれぞれの子に喜んでもらえる内容を考えながら書いていく。
これを毎回毎回するのでなく、同じ作業は一気にするほうが楽である。

こんなことに注意！　　こんな方法もあります　　**＋時短のポイント**

毎回、こんな風に計算をして動こうとすると、かえって余裕がなくなることがある。できたらラッキーと思っておくといい。「何回も繰り返すとできる」そのような気持ちで取り組んでみよう。習慣になるとものすごい時短術となる。

【3章 追加資料】

●デスクトップの使い方が仕事を進化させる

PCは教師の仕事の生命線だ。すぐにデータを引っ張り出せるし、子どもにすぐに教えられるコンテンツもある。お金をケチるのはやめよう。

●PCのメモ帳を有効に使おう

PCの性能にもよるが、メモ帳はワードよりも立ち上がりが圧倒的に早い。その数秒が大事で、覚えていることを、とにかく書き連ねる。

●「Ctrl＋C」「Ctrl＋V」で一日時短5分以上

「Ctrl＋P」を押すと印刷ができる。これも超時短となる。こういうのは、先輩から教わることはなく、PCの時短術の本を買って身につけた。知らないままの人もいるが、あまりにもったいない。

●「Windowsマーク＋shift＋S」で超時短

部分スクリーンショットは、動画の画面でも使える。もちろん、動画の一部を切り取りたい時にも使える。とにかく、パソコンの画面に映っていれば取れる。ぜひとも、知っておいてほしい。

●ショートカットウインドウを有効活用しよう

インターネットの「お気に入り」によく見るサイトを登録するのも時短になる。そのサイトで☆マークを押して、登録しよう。

各データはこちらからダウンロードできます。
（学事出版HPからもご利用になれます→P110）

第 **4** 章

時短のための微差仕事術

余裕がある時期へ仕事を回そう
―仕事の均等化にとことんこだわろう―

仕事術の**ポイント**

☑ 夏休みは物品補充の時期。補充用具はこの時期に購入しよう

☑ 定期的な仕事や、重めの仕事は夏休み、冬休みに回そう

☑ クラスの引っ越し作業は2月から少しずつ始めよう

1 夏休みは物品補充の時期。補充用具はこの時期に購入しよう

新学期の仕事は春休みにすべきだが、夏休みでもできる仕事もある。春休みはいろいろと忙しい。特に貸し出し用の文具や道具の購入は、夏休みに行うことをお勧めする。

貸し出し用の鉛筆、消しゴム、定規などを夏休みに大量に購入しておく。

そして、夏休みが明けたら、子ども達に名前を書いてもらう。

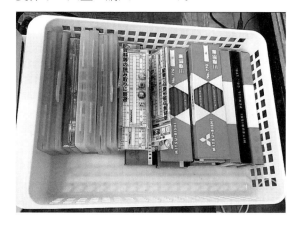

以前は春休みに買いそろえて、自分で名前を書いていたが、夏休みにした方が圧倒的に楽である。

春休みはとにかく忙しいので、夏休みに回せるものはどんどん回していこう。私は備忘録ファイルの購入も夏休みにしている。

2 定期的な仕事や、重めの仕事は夏休み、冬休みに回そう

学期末はいつも忙しいので、夏休みと冬休みに回せる仕事はどんどん回していくといい。忙しい時の仕事は、忙しくない日にどんどん回していって、仕事の均等化を図ろう。そうしないと、定時退勤は難しい。

①懇談が終わった後には、必ず保護者の方が言ってきたことや大事な情報をPCにまとめるが、これも夏休みや冬休みにすればいい。

②夏休み後、冬休み後に必要な宿題や課題のプリント類はできる限り印刷をしておく。

③学年ロッカーの中の整理も夏休み中、冬休み中にしておくといい。

④バイクや車の定期チェックは夏休みにしている。忙しい時期の帰り時間に、わざわざイレギュラーな用事は入れないほうが望ましい。

⑤自分の勤務校のあるM市では、7月に子どもの様子アンケートの結果が返ってくる。その分析をして、具体的にどう動くかを細かく、PCに入力するのだが、それもゆっくりできる夏休みにする。

> **⚠ 注意点**
>
> 　夏休みも中ごろになると、体が夏休みモードになって仕事の進みが悪くなることがよくある。
> 　だから、体が動く8月の初旬までに仕事を進めよう。

⬡3　クラスの引っ越し作業は2月から少しずつ始めよう

　3月からクラスの引っ越し作業を始めたら、いらないものを捨てるかどうかの判断の時間がなかなか生み出せない。2月からぼちぼちと進めていこう。それと引っ越し作業には相当時間がかかるから、計画的に行おう。そして、可能なら子どもにも手伝ってもらおう。

　2月初めから3月まで、放課後の時間を少し使って、何を捨てるかのリストを書いていこう。それが決まったら、3月ぐらいから、掃除の時間を使って、少しずつ廃棄していく。

　また、私は引っ越しの時に、この透明コンテナを使っているが、ここにいらない物を入れていくようにしておくと、春休みになってからその作業をやらずに済む。

> **⚠ 注意点**
>
> 　見えないところから少しずつ進めていくように気をつけよう。
> 　先生は早く学級じまいをしたいんだと子どもが誤解するかもしれないからだ。

　さらに時間があるようならば、4月に絶対使うであろうものを作っておくといい。例えばビニールテープを用意し、番号を書き、細かく切ったものがあると、子どものロッカーに貼るのに使える。これを4月初めにするよりは、3月末にしておくだけで時間をだいぶ節約できる。このようなことを自分なりに見つけてやっておくといい。

こんなことに注意！　　こんな方法もあります　　**＋時短のポイント**

> 　3月末から4月初めまで春休みがあるが、4月初めの春休みは、新学期スタートの仕事が多すぎる。だから、3月末の春休み期間中に、どの学年でもやるべき仕事をしておくと忙しさを少し緩和できる。例えば、給食当番の札づくり、自己紹介カードの印刷などだ。

わずかでもクイックスタートをきろう
―微差が大差となる時短術―

仕事術の**ポイント**

☑ **ほんの少しの仕事でも、まずは締め切りを書くことから**

☑ **封書が来たら…とにかく少し動く**

☑ **出張届などを作成する時の時短術**

1 ほんの少しの仕事でも、まずは締め切りを書くことから

たくさんの仕事が回ってくる。仕事が来たら、まずは、その仕事を忘れない工夫として、大体の締め切りを決めて備忘録に書く。例えば「ノート購入の電話、5月3日まで」など。そして、空いている時間にその仕事をしてしまうのだ。

学年打ち合わせをすると「学年だよりの次の号は自分がする」「遠足の計画を立てる」「学年集会の流れを考える」「国語の流れを考える」など、たくさんの仕事が出てくる。

それが出た瞬間、仕事の名称と大体の締切日のメモをする。大事な仕事の場合は、念のために付箋にも書いておく。

備忘録の行事予定のところに、その付箋を貼り付けておく。こうすることで、仕事忘れを防げる。

> **! 注意点**
>
> トラブル対応も同じである。休み時間中にAさんとBさんがけんかをしていた。休み時間が終わって授業をするか、そのままそのけんかの話をするかは、内容や状況によるが、もし次の休み時間にそのけんかについて話をするならば、備忘録の対応する時間に子どもの名前を書いておく。これを書かないと、3つぐらいの喧嘩が重なった時に、対応を忘れることがある。とにかく、仕事や対応をメモ書きし、忘れないようにしよう。

2 封書が来たら…とにかく少し動く

封書が来たら、まずは、それをすぐ開ける必要があるものか、そうでないかを判断する。すぐに開けない場合は所定の場所に置いておく。開ける場合は、返信が必要ならば、締め切りの日を表に書いておく。

これがクイックスタートの一つの例である。さらにもう少し工夫するならば、その封書の中身が、封筒に入れて返すべきものならば、返信封筒に相手の宛先まで書いてしまっておくのがいい。これを返事を作ってからやろうとするとまた時間がかかる。時間のかかり方は同じように思えるが、始めにやっておく方が、早く動くことができる。

⚠ 注意点

保護者が来校した時や電話が鳴った時など、忙しい時は、封書はとりあえず机の上に置いて、後で処理すればいい。

仕事の優先順位を間違えないようにしよう。

③　出張届などを作成する時の時短術

毎回、所定の場所に届けを取りに行くのは無駄である。何度も同じ届けを使うことがあるならば、取りに行く回数を減らしたい。そうするためには届けの紙に、始めから名前を書いてコピーをして、自分の机の中に入れておけば行き来を減らせる。

右は出張届、左は臨時校内駐車許可証。名前を書き、10枚ほどコピーしてクリアファイルに保存しておく。微差も積み重なると大差になり、仕事が早くなる。わずかな移動距離も短くするという考え方は仕事術には大切な観点である。

こんなことに注意！　　　こんな方法もあります　　　**＋時短のポイント**

印刷機と食器の洗い場とゴミ捨て場が職員室の後方にある。空になったペットボトルを捨てるためだけにゴミ捨て場に向かってもいい。しかし、ついでに印刷をする機会があれば、印刷のついでにゴミ捨てをした方が、移動距離が減って時短となる。

よく印刷するお役立ち書類は
ファイルにまとめる

―紙で保管しておけばすぐに大量印刷できる―

仕事術の**ポイント**

☑ 一年を通して役立つものは、透明ファイルにまとめる

☑ 懇談前のアンケート　４月初めのお知らせカード

☑ 日々使う「テーマ作文」や時々使う「忘れたくない大切な指導法」を保管

1 一年を通して役立つものは、透明ファイルにまとめる

縄跳び表、４月の自己紹介表など、役立つものをデータ上で保管していると思うが、その存在自体を忘れることがある。また、思い出してもそれを印刷するまでがひと手間かかる。それを減らすために、透明ファイルにまとめておくことをお勧めする。

　よく使うものから順番にファイルに入れておく。縄跳び表、鉄棒表、側転表など、体育関連のものは多く入れている。都道府県練習表なども入れておくのが便利だ。

2 懇談前のアンケート　４月初めのお知らせカード

４月初めの掲示物として、自己紹介表を作ることが多いと思うが、これを数種類用意しておくと、新学期の「黄金の三日間」の時に時短につながる。また、懇談会前に子どものアンケートをとることが多いと思うが、これも用意しておくといい。

絶対に保管しておきたいものとしては、

①４月自己紹介掲示物
②子どもアンケート
③体育カード
④生活態度チエック表
⑤道徳関係資料
⑥音読や暗唱資料
⑦人付き合いマナー表
⑧ハッピーレターの紙
⑨飛び込み授業のネタ

などがあげられる。

> ⚠ **注意点**
>
> 　とにかく必要と思ったものは、入れておけばいい。
> 　一杯になったら取捨選択すれば、使ってないものはその時にはわかるはずだ。

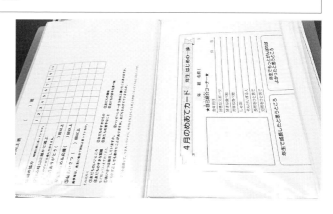

③ 日々使う「テーマ作文」や時々使う「忘れたくない大切な指導法」を保管

テーマ作文の紙はよく使うので、ファイルに保管する。
リコーダー指導などは、音楽を受け持たなければ指導をしないが、受け持つ時は絶対に必要なので捨てずに保管している。

＊学事出版HPからもご利用になれます→P110

人付き合いマナー表

テーマ作文

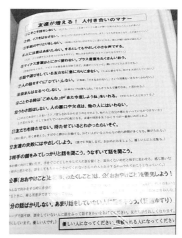

こんなことに注意！　　こんな方法もあります　　＋時短のポイント

　学年の先生から思いがけずいい資料をもらうことがある。その時は、余分にコピーをして保管をすることを忘れずに。よい資料、よいデータはきちんと残しておいて、今後の教師生活に活かそう。

29 仕事を動画で記録しておこう

―まれな仕事は丸ごと撮らせてもらおう―

仕事術の**ポイント**

☑ **動画は何度も見直しができるので便利**

☑ **例1　卒業文集の作り方**

☑ **例2　運動会、トラロープの巻き方**

1　動画は何度も見直しができるので便利

仕事を教わる時に、大事な資料は写真を撮らせてもらうかデータをもらうようにしたい。しかし、内容が複雑な時は動画を撮らせてもらう。そうすれば見直すことができるので、絶対に忘れることはなく、確実に自分の物にできる。

　卒業式の運営、林間学習の進め方、キャンプファイヤーの一連の流れ、入学式の説明や流れ、卒業式の流れ、運動会の応援団の応援の流れなど、また、運動会の団長の鉢巻の巻き方、卒業式の証書の受け取り方など、1年に何度もない、まれな仕事は、動画を撮っておくことを強くお勧めする。

　これには、仕事を思い出すため以外に、その動画を見せるだけで、いちいち教えなくても、子ども達や先生達がすぐに理解できるというもう一つの利点があるので、自分も楽になれる。

> **⚠ 注意点**
>
> 　まれな仕事だけではなく「他の担当の人が受け持った時に困らないようにしよう」というものも録画しておくといい。
>
> 　それを、来年のマニュアルとして保管しておくと感謝されるはずだ。

2　例1　卒業文集の作り方

卒業文集の仕事は、非常に多岐にわたる。まずは、仕事を俯瞰するために、前回の6年生の担当者に話を聞き、その時に同時に録画をさせてもらった。メモでは聞き逃すことがあると思ったからだ。

下記のコードにある動画を見るとわかるように、とにかく前任の先生に話を聞いて、わからないことがあれば質問をする。そして、話が終わった後に、どのような仕事があるかを箇条書きにする。そして、その箇条書きをした後に、期限も決めておく。注意事項なども書いておく。

それがまとまったらもう一度、その話を聞いた先生に見せて、内容を確認してもらう。そうすることで仕事が計画的に進む。

卒業文集の作り方

③ 例2　運動会、トラロープの巻き方

運動会のテントの立て方を知りたかったのだが、その準備をしている最中に、ちょうどトラロープの巻き方を教えてくれた先輩の先生がいた。これは記録しておかないといけないと思い、即座に録画した。行事関係の仕事をする時は、常にスマホを持っておくといい。

こうした職人技と思えるようものは、絶対に撮っておこう。先生方は教えてください、撮らせてくださいというと、たいてい快く録画させてくれる。

これ以外にも図工の指導が上手な先生の指導方法も撮らせてもらっている。

トラロープの巻き方

＊各動画は学事出版HPからもご覧になれます→P110

＊各動画は学事出版HPからもご覧になれます→P110

こんなことに注意！　　こんな方法もあります　　＋時短のポイント

動画を撮った後に、きちんと名前をつけて保存をしておかないといけない。名前のつけ方が大事で「運動会　テント　立て方」「運動会　トラロープ」「運動会　応援団　鉢巻の巻き方」など、「運動会」と検索すれば引っかかるような名前をつけておく。

パスワードの置き場所を考えよう

30

―パスワードを忘れても大丈夫な工夫をしよう―

仕事術の**ポイント**

- ☑ 常に必要とするものに貼っておく、例えば印鑑
- ☑ 使う時に思い出す方法、図書室使用の場合
- ☑ PCの中にまとめておく

1　常に必要とするものに貼っておく、例えば印鑑

職員番号を時に忘れてしまうことがあった。また、PC起動のパスワードをド忘れすること
があった。だから、印鑑に貼りつけておいた。印鑑は頻繁に使うので、それを見てすぐに思
い出すことができる。

　例えば印鑑の横側にパスワードなどをきれいに書いておく。

　そして、その上からセロテープを貼って
おくと、文字が汚れて消えることもない。

　印鑑に貼るものは、とくに忘れてはいけ
ないものにしている。

　その他に必要な情報（例、学校の住所、
学校の門のカギの暗証番号など）で忘れて
はいけないものは、備忘録のあるページに
付箋で書いて残している。

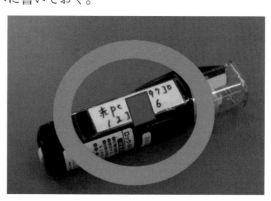

2　使う時に思い出す方法、図書室使用の場合

図書室のPCの起動パスワードを何度聞いても忘れてしまっていた。週一回しか使わないので、
忘れてしまう。図書室においてある名簿の中に暗号のようにして貼っておいた。こうすれば
忘れない。

図書室の名簿（利用者台帳）には、名前とバーコードが付いている。この名簿の自分のクラスのページのところに、図のように暗号のようにして貼っておく。

　これは、「Shift」ボタンと「あるアルファベット一文字」を押してから、「school」を入力するパスワードである。

　教師だけはわかるが、その他の子にはわからない。こうすることで、図書のPCの起動パスワードをすぐに入力することができる。

3　PCの中にまとめておく

ZOOMや学校のHPを開く時、たまに求められるパスワードを忘れることがある。PCの自分だけがわかる場所にひとまとめにするといい。

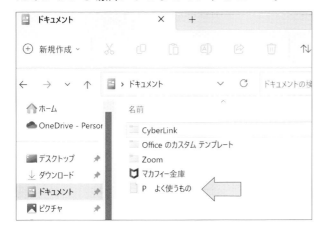

①ZOOMのパスワード
②子どものタブレットのパスワード
③学校の鍵の番号
④学校のセキュリティカードの番号
⑤学校番号
⑥教科書会社の教科書サイトを開く
　パスワード
などを入れている。

こんなことに注意！	こんな方法もあります	**＋時短のポイント**

パスワードの中で、一回きりしか使わないものもある。例えば、健康診断の結果を見るためのもの。そういうパスワードは、自分だけの個人LINEグループに写真を送るようにして、念のために文字も入力しておく（写真はデータが消えることがあるので）。

31 基本の「キ」。担任に絶対に欠かせない道具20選
―瞬間瞬間の仕事を止めないワザ―

仕事術の**ポイント**

☑ **数秒の時間も大切にするために、道具をそろえよう**

☑ **絶対の道具10選**

☑ **必要な道具10選**

---

1 数秒の時間も大切にするために、道具をそろえよう

必要な道具がすぐに手元にあると、仕事がスムーズに進む。

仕事の効率化が図れる道具を手に入れよう。そして、すぐに使えるようにするために、所定の位置に置こう。

　道具が所定の場所にないと探す時間を取られてしまう。そういう小さな無駄な時間をなくすことが大事だ。

　職場でも家でも同じである。私の家では所定の位置にハサミが置いてあるが、自分の子どもが使った後に、置き場所が変わってしまい、その度に探し回らないといけないという困ったことが起こった。

　これを防ぐために、私はハサミを2本買い、1本は所定の場所に置き、もう1本は、自分専用の筆箱に入れている。

　これですぐに仕事に取り組めるようになった。こういうことの積み重ねで仕事は早くなる。

> **! 注意点**
>
> 　道具は1つだけでなく、壊れたりどこかにいったりしてもすぐに使えるように2つ以上用意しておくことが大切である。
>
> 　家で使うプリンターのインクは、2つ以上常備している。そして、残り一つになれば、買うようにしている。

2 絶対の道具10選

教師を長いことやって、これは絶対に教師の仕事を早めるという道具を10ほど考えてみた。数字は目安だが、これがあると困ることがない。もしないものがあれば、すぐにでも買われることをお勧めする。

①多めの筆記用具（付箋含む）

②貸し出し用鉛筆、消しゴム：30以上

③Ａ４の大きさのかご：30以上

④マグネットクリップ：30以上

⑤タイマー：5以上

⑥子どもに役に立つ本

⑦クリアファイル：100以上

⑧ファイル立て：10以上

⑨ホワイトボード：5以上

⑩マグネットシート：たくさん

③ 必要な道具10選

次の道具10選もあったほうがいろいろな意味でいい。例えば、ミニゴミ箱があることで、図工の授業中のごみ捨てでの混雑を防ぐことができる。また、捨てる時にゴミ箱の前を横切らなくて済む。なお、こういうことのお金はケチらないほうがいい。

①ミニゴミ箱：3（隅に配置）

②名簿を20以上入れた透明ファイル

　※道具でないが、あると便利

③画鋲抜き：一緒に画鋲もたくさん用意

④貸し出し用ノート：10冊以上

⑤ペットボトル鉛筆けずり：3個以上

⑥折りたたみコンテナ：20

⑦掃除用具多めに用意

⑧トイレットペーパー、箱ティッシュ

⑨延長コード：5以上

⑩カウンター：20（数をカウントするもの）

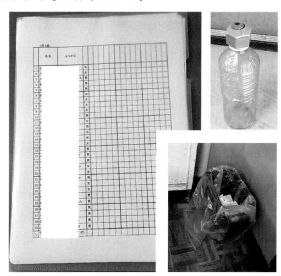

| こんなことに注意！ | こんな方法もあります | **+時短のポイント** |

いちいち備忘録を開いて確認をする時間を減らす工夫として、掲示も活用しよう。子どもの名簿（出席番号をすぐに確認できる）、家庭数の確認表（家庭数の手紙を配る時に「いる、いらない」をすぐに確認できる）といったものを目につくところに掲示しておくといい。

定型メモを作ると仕事処理が加速する

―少しの手間が自分を助ける―

仕事術の**ポイント**

☑ 定型メモを作れば仕事忘れを防ぎ、仕事処理が加速する
☑ 例1　保護者と子どもへの時間割連絡などの定型メモを作っておく
☑ 例2　忘れ物などの連絡文の定型メモを作る

1　定型メモを作れば仕事忘れを防ぎ、仕事処理が加速する

私の勤務地区にはPC上で職員のメンバーを限定して送信できる（例えば、体育部だけに送信）回覧板がある。そのメンバーを登録してから送るのだが、名前入りの定型文を作っておくとメンバーを忘れることがなく、また早く送れるので一石二鳥である。

　右の矢印のところに名前を入れるのだが、メンバーを忘れないように下のメモを作って保存しておく。

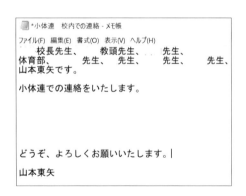

2　例1　保護者と子どもへの時間割連絡などの定型メモを作っておく

最近は、時間割を連絡帳に書かせることが少なくなった。特に1年生の1学期は連絡帳を書かせると膨大な時間がかかる。そこで、本校はPCから時間割を保護者に連絡し、紙で子どもに渡すようになっている。ここでも定型文を作っておくと時短になる。

今までの資料データを残しておき、それを更新していくだけで、仕事がスムーズに進む。これらのデータは、デスクトップの見やすい場所に保管しておく（すぐに使うことができ、目につくところにあるから、その仕事自体を忘れない）。

```
7がつ19にち（すいようび）　1－1

つぎのとうこうびのじかんわり
①しゅうぎょうしき　②がっかつ　③がっかつ　④がっかつ（とちゅうでおわります。）

しゅくだい
①なし

もちもの
①なし

れんらく
①しゅうぎょうしき
②12：00ごろかえります。
③ほんじつ、たぷれっともちかえります。
　あすは、もってこなくてけっこうです。

以下、保護者の方へ
※毎日セットや給食の用意など、通常持ってくるものは書いていません。
※週末は、次に学校にくるときに、給食の白衣などを忘れずにお願いします。
※基本的には学年だよりなどをみてご用意ください。
※教員のトモリンクスチェックは、基本的に、子供が来る前の8：15ごろと、
　帰った放課後の16：00～16：30ごろとなります。
　緊急の場合はお電話をよろしくお願いいたします。
```

保護者用のPC上で伝える時間割

```
8がつ　　ち、げつようび。1ねん1くみのれんらくちょう

＜かようびのじかんわり＞

1　　　2　　　3　　　4

＜しゅくだい＞
①こくごぷりんと　②さんすうぷりんと

＜もちもの＞
①いつもどおり（ひっきようぐなど）　②しゅくだい

＜れんらく＞
①13：45げこう
```

子ども用の紙の資料で渡す時間割

3 例2　忘れ物などの連絡文の定型メモを作る

保護者にPC上で連絡する時、どういう文章を書くかはちょっと迷うので、以前にどのように書いたかを見ることができると早く作れる。ただし最初は時間をかけてよく考え、その後、そのデータは保存しておけば、同じ連絡をする時にすぐ使える。

```
*忘れ物連絡　文言 - メモ帳
ファイル(F)　編集(E)　書式(O)　表示(V)　ヘルプ(H)
—————————————————
　　　　様

算数の②がもしか家にありましたら、
子どもにもたせてください。
よろしくお願いします。

山本東矢

—————————————————
　　　　様
お子様に関する水泳指導における配慮事項のプリントが
まだ出ていないかと思います。
もう一度、プリントをお子様に渡しましたので、
お手数ですが、必要事項を記入して、切り取り提出をお願いいたします。

山本東矢

—————————————————
```

(!) 注意点

　毎回毎回、PCから連絡をすると味気ない感じがする。そして、こちらの真意が伝わらないこともある。
　内容によっては、保護者に電話で子どもをほめた後に、「そういえば…」と切り出して連絡事項を伝えることも大事である。

こんなことに注意！　　**こんな方法もあります**　　＋時短のポイント

暑中見舞いのハガキの定型メモ、学校を参観させてもらった後のお礼のハガキの定型メモ、時候の挨拶の定型メモも作っている。これもマニュアル作りの一種だ。こうしたハガキを送った時は記録をしておこう。後で必ず役に立つ。

33 掃除の時間に子どもに仕事を頼むのはとても有効

―子どもに助けてもらおう、そして感謝しよう―

仕事術の**ポイント**

☑ たまにある仕事を子どもに掃除の時間に頼むと喜んでしてくれる
☑ 例1　掲示物を貼る手伝いを頼む
☑ 例2　机の置き場所を決めたマークを濃くしてもらう。

1　たまにある仕事を子どもに掃除の時間に頼むと喜んでしてくれる

たまにくる細かな仕事がある。これを放課後にやると、思った以上に時間がかかる。子どもができそうな仕事ならば、子どもに頼むといい。掃除の時間に特別な仕事として頼むと子どもは喜んでやってくれる。

　6年生を担任していたとする。その時に、1年生の子どもに渡すお手紙の表紙を作ってもらいたいとする。給食の時間中か、空いている時間に子ども達にこう言う。

　「ちょっと頼みごとがあります。1年生の子どもに渡すお手紙の表紙を作ってほしいのだけど、掃除の時間を使っていいので、やってくれる人いませんか？二人募集します」

　すると、大体7、8人の子が手を挙げる。後は、じゃんけんで決める。

　その後は、掃除の時間に教師の机の場所を使わせて作ってもらうようにする。子ども達は喜んで仕事を進める。

　月1回あるかないかの仕事だが、大体このように頼んでいる。

> **! 注意点**
>
> 　掃除の時間にするので、全体に関わる仕事を頼むこと。そうでないと周りの子どもは納得しない。また、その子の掃除の担当が減る分、他に負担が行くので頻繁にはやらないように。

2　例1　掲示物を貼る手伝いを頼む

教室前の廊下にクリアファイルを用意して、子ども達の作品を入れている。例えば、理科や生活の観察プリントなどだ。これを入れる作業は時間がかかるので、子ども達にこの作業を手伝ってもらうと各段に仕事が進む。

まずは、プリントをまとめておく。そこから以下のように
してもらう。

　①子ども、3〜5人にプリントを適当にわける

　②クリアファイルの下にプリントを置いてもらう

　③順番に子どもに入れていってもらう

　④残ったところは、教師が入れる

　②の仕事をしてもらうことで、かなりの時短

となる。一人でやるとなると、一人分に30秒は
かかるだろう。それが子どもの助けを借りると、
あっという間にできる。

> **(!) 注意点**
>
> 　教室後方の壁の高いところに習字の作品
> を入れる時は②の作業だけ手伝ってもらう。
> それだけでも十分に助かる。

3 　例2　机の置き場所を決めたマークを濃くしてもらう。

子どもの座席の並びをそろえるために欠かせない机の置き場所を決めたマークは2、3カ月
すると薄くなってくる。これを濃く復元する作業も放課後に一人でやるとなると結構時間が
かかるので子どもに助けてもらう。

　掃除の時間に、希望者の3人ほどにカラーペンを渡す。そして「もとにあった線を濃くし
てくれる？」と頼む。すると、子ども達が喜んでやってくれる。このような特別な仕事をし
てもらった時は一筆箋にお礼を書くチャンスでもある。
子どもに助けてもらうのは仕事術的にも有効であり、
子どもと教師の信頼関係をつむぐチャンスにもなる。

> **(!) 注意点**
>
> 　2月以降に、この作業はしないように。
> 　新年度にこの線がはっきりと残ってしまい、次の担任
> が迷惑するからである。

こんなことに注意！　　こんな方法もあります　　**＋時短のポイント**

①集まった書類を名簿順に並び替えてもらう（子どもが見ても問題ない書類）、②掲示
物を取り出す仕事、③ちょっとした教室飾りを作る仕事等もやってもらうことがある。
当番の秘書さん係にも頼めるが、やりたい人がいる時はこの方法を使う。

34 仲間をつくって仕事術の交換をしよう
―情報やデータ、資料の交換にはメリットがある―

仕事術のポイント

☑ **体育関係の仕事をM先生から教えてもらう**

☑ **視聴覚の仕事を後輩のK先生から学ぶ**

☑ **情報をもらう機会を意図的につくろう**

1 体育関係の仕事をM先生から教えてもらう

運動会の仕事がよくわからなかったので、先輩の先生に聞いたが、体育の得意な先生に聞いたほうが早いと思った。そこで、同じサークルの体育の得意なM先生に聞いてみた。すると、いろいろなデータまでくださり、とても助かった。

右がその資料である。これはほんの一部であるが、大変助かった。

もちろん、私も同様に得意なことで情報を提供している間柄だったからできたことではある。

教員を続けていくといろいろな仲間が増える。その方が転勤をされても、つながりをもっておくことだ。そして、情報やデータ、資料の交換をしよう。仕事を進める上での時短への近道になる。

*2章17（47ページ）参照

体育主任の仕事一覧

月	行事	やるべき仕事
		月の上旬
4 上	入学式 始業式	○引継ぎをする。 （去年の資料をもらう。）
中	会議多数 初地域子ども会	○予算の確認。昨年度の反省事項を見る。（主に、プール、運動会）必要なのに予算が上がっていないか確認。
下		○運動器具の確認。 ○スポーツテストの準備 ○運営委員会、職員会議用の資料を作成。 ○仕事一覧表作成、確認。 ○運動委員の仕事を考える。

2 視聴覚の仕事を後輩のK先生から学ぶ

サークルに参加するのがいい。その懇親会の場でいろいろと思ったことや疑問を聞こう。なお、私は仲の良いメンバーと二週に一回、ZOOMの会を開いている。マジシャン先生、元お笑い芸人先生、教頭、指導主事など、20年教員選手が集まって情報交換をしている。

6年理科の指導で薄い塩酸を作らなければいけない時があった。理科準備室にある塩酸が、薄いものか比較的濃い目の塩酸かどうかが、パッケージだけではわからなかった。

そこで写真を撮って相談をした。すると、結局作るよりも購入した方が安全で、しかも早いことがわかった。右の写真は、相談をした後に購入した4％の薄い塩酸である。相談して本当によかった。

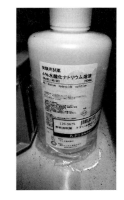

> ⚠ **注意点**
>
> 自分だけがもらうのではなくて、助けてもらった先生には必ず別の情報を届けるようにしている。例えば他教科のコンテンツを渡すなど。お互いに助け合いの関係でいよう。

③ 情報をもらう機会を意図的につくろう

サークルの後輩であるK先生の視聴覚の仕事は超一級品であり、理科専科もされていたことがあった。わからないことをLINEで質問をすると時間のある時にしっかりと答えてくれる。持つべきは、友だちである。

堅苦しいのは嫌いなので、このZOOM会はお酒を飲みながらしている。授業を見てもらう、学校での愚痴、評価について、指導主事の見解、講座について、悩み相談、なんでもありである。

例えば、音楽会前に「音楽会で何かい曲がありますか」「気をつけておくことがありますか」などを聞く。すると、ざっくばらんにいい意見がもらえる。音楽会の規模によって、いろいろとやり方が違うことがわかって、それもまた勉強になる。

こんなことに注意！　　**こんな方法もあります**　　**＋時短のポイント**

私はあるサークルに所属しているが、理科が得意な先生、図工が得意な先生など、たくさんの先生と知り合った。わからないことがある時は、そういう先生にもどんどん聞くようにしている。一人で勉強をするのではなくて、サークルを利用することをお勧めする。

転校生が来る場合に備えるワザ
―マニュアルがあれば準備は8割完了―

仕事術の**ポイント**

- ☑ まれな仕事がきても、準備マニュアルを見れば恐くない
- ☑ 転校生が来た時は、連絡や雑務を抜かさないようにしよう

1 まれな仕事がきても、準備マニュアルを見れば恐くない

2、3年教師をすれば、転校生を受け持つことがあろう。その時にマニュアルを作っておけば、次に転校生が来るとわかった時にあわてなくて済む。自分のPCには「転校生」と入れると以下のデータが出てくる。読者の皆様にもお渡しする。

左は転校生に渡すもの、右は当日の対応を書いたものである。これをまずは印刷をして準備する。これで仕事の8割ができたようなものである。

! 注意点

学年や、その子の特徴に合わせて行うのがいい。

左の座席表については、初めから名前を入れておく方法もある。3年生以上ならば、自分で自主的に書かせるようにすることがあっていい。しかし、低学年や活発ではない感じの子どもには、名前入りを用意した方がいい。

そのために、座席表については二種類用意しておき、その子に合わせてどちらを渡すのかを当日に決めるのがいい。

2 転校生が来た時は、連絡や雑務を抜かさないようにしよう

転校生向けの確認事項は意外と多いものだ。チェックして、もれのないように進めよう。
机や椅子の準備は当然だが、名前シールを作っておいたり、教科書の副教材を頼んでおくことが抜けたりすることがあるので、気をつけたい。

転校生がくるとわかっての担任の仕事

転校生がくるとわかったらすること

1・報告

①会計の人に連絡。　　　　　　　　　　　　　　　　→会計のことをしてもらう。

②栄養士さんか給食調理員さんに連らく。（給食の量をきく。）→給食の量をふやしてもらう。

③学年の先生に連らく　　　　　　　　　　　　　　　→教科書や副教材の注文を頼む。

2・確認

①住所を確認。→集団登校班がどこか確認をする。集団登校班担当の先生に連絡する。

②懇わり班をきめる。（担任の担当班でいい気もする。）

③クラブ、委員会がどこに入れるかをきく。空いているところを確認する。

3・準備

前日までに

①座席を用意。机、椅子。　②ロッカーをきめ、シールをはる。　③くつ箱をきめ、シール。

④名前マグネットをつくる。　⑤席順空白表を作る。　⑥諸帳簿をできるところまで書く。

4・一日目の流れ

朝

①朝早く学校へいく。

子どもたちに転校生がくることをいう。出迎える準備をするようにいう。※言えない場合もある。

1時間目

②転校生を迎える。拍手。　　　　③自己紹介をしてもらう。

④みんなにも自己紹介をしてもらう。　⑤紙をわたす。

⑥「お世話係」を決める。一週間。

1時間目休み時間

⑦集団登校の場所を確認。　　⑧クラブの希望をきく。

⑨縦割り班を教える。このクラスの友だちと集合場所も。

2時間目休み時間

⑩いろいろと学校を見てまわってもらう。

⑪食べ物アレルギーはあるか？　⑫学校から家庭へわたす。（すでに渡している？）

放課後　①おうちの人へ電話。どうだったか。心配なことはないか。

　　　　②集団登校の場所について連絡。

　　　　③名簿を更新する。電話番号のところにも書き入れる。

5・二日目の流れ

①必ず朝早く学校へいき、迎える。

②二時間目の休み時間などに、一人一当番を決める。

③係りをきめる。　　　　　　　　　　　　　※三日目、七日目に保護者に電話。

⚠ 注意点

大事なことは、「転校生係」をつくることである。理由は二つあって、一つ目は、先生がずっとついて案内をしたり、細かいことを教えたりする時間がとれないことがあること、二つ目は、転校生とクラスの子どものつながりを増やすことができるからだ。転校生係は、転校生が来る前に子ども達に聞いて決めておきたい。

多くの子から手が挙がった時は、一日二人で転校生係になってもらい、日替わりで交代するようにする。

転校生・転入処理関連資料

＊学事出版HPからもご利用になれます→P110

　転出、転入をする時には、保護者にそろえてもらうものがいろいろある。これは事務職員が担当してくれるところもあるが、教員が担当する場合は、私は何度も確認しないで済むようにマニュアルを作っておいた。どの地域でも大体は同じだと思うので、その資料もお渡ししておきます。

こんなことに注意！　　こんな方法もあります　　＋時短のポイント

今回は具体例として転校生を取り上げたが、林間学習マニュアル、校外学習マニュアル、卒業式対応マニュアルも作っている。年に数回の行事などは、絶好のマニュアル作成チャンスである。どんどん作っておいて、仕事をスムーズに進めよう。

第 **5** 章

仕事術の心構え

36 子どもがよくなるための仕事術、わかっている?

―目的を見失わないようにしよう―

仕事術の**ポイント**

☑ 子どもと遊ぶのも仕事のうち？思いきり楽しもう

☑ 学級がよくなることが、最高の仕事術

☑ 仲間が困っている時、子どもが困っている時は帰りが遅くていい

1 子どもと遊ぶのも仕事のうち？思いきり楽しもう

ドライな考え方の人もいるので、あえてこういう書き方をする。子どもと遊ぶのは仕事だ。子どもと遊ぶと信頼感が得られる。休み時間のトラブルも防げる。何より楽しい。子どもと遊ぶのは、他の雑務をするよりもいろいろな意味で大きな効果がある。

子どもと遊ぶと子どもとの関係がよくなる、信頼関係もできる、子どもが喜ぶ、好きになってくれる。子ども達同士の仲がよくなる。その結果、トラブルが減って、より安心が多い学級になる。教師の仕事の最大の目的は「子どもを幸せにする、学力をつける、学校を楽しんでもらう」である。

子どもと遊ぶことは、結果的にトラブル対応が減るという仕事術だと感じる今日この頃である。

(!) 注意点

仕事術を覚えた当初、「早く帰るのが大事、定時退勤がんばろう」と思っていた。しかし、かえって子どもの悩み相談、トラブル対応が増えてしまった。

結果的には本末転倒だったと反省している。

また、子どものトラブルが起こるのは休み時間が多いので、特に4，5月はそうだが、休み時間には休憩をするよりも子どもと遊んでいた方がトラブルは減らせるように思う。

2 学級がよくなることが、最高の仕事術

学級がよくなるとトラブルが激減する。プラスの言葉があふれ、みんながいい気持ちになる。学校に来るのが楽しくなり、授業での発言も増えていく。それこそが教師の仕事である。言いたいことは、「小事にこだわり、大事を忘れるな」である。

「トラブルがないのも仕事術」という言葉をセミナーの流れの中でポロっと言ったことがあった。この時、受講者がよい意味で笑ってくれたが、真意は伝えにくかったと考えている。

私は以下の二つの意味で言った。

①トラブル対応に時間を取られると予定した仕事が進められない。トラブルがないと仕事を進めやすい。だから、トラブルがないのはよい仕事術だ。

②学級経営をうまくすることは大きな仕事術で、トラブルが減るということは、その学級をよくしたいという仕事の成果の表れである。だから、トラブルがないのはよい仕事術だ。

> **! 注意点**
>
> トラブル対応は最も大事な仕事のひとつである。また、トラブルはなくならないし、全くなくなるのも逆によくないと思っている。しかし、通常の学級よりもトラブル発生率が多くなると子ども達にとってもよくないし、仕事術を快適に進めるうえでもよくないということが言いたい。

③ 仲間が困っている時、子どもが困っている時は帰りが遅くていい

仕事術の目的は、子どもを幸せにするために、仕事を早く終えて心身ともに癒し、子どもに上手に対応することである。そのための目標として「定時に帰る」がある。しかし、時には定時に帰ってはいけない。それは学年のクラスが大変な時や保護者に連絡をする時だ。

①学年の先生が大きな子ども対応に巻き込まれた時。残って話をしたり、相談を受けたりすることがある。

②子ども同士の大きなトラブルなどで、絶対にその日の内に連絡をしなければいけない時。すぐに連絡がつかず、待たないといけない時がある。

③学年の先生がとても苦しんでいるように見える時。職員室で、次の日の仕事をぼちぼちとしながら、お茶をいれたり、お菓子を配ったりする。

こんなことに注意！ 　こんな方法もあります　　時短のポイント

仕事術ができるようになると、誰もが予定通りにいくのが嬉しくなる。いいことだ。しかし、その結果、調子にのってきて、トラブル対応に時間を惜しむようになることがあるのだ。私も経験したので、自戒を込めて言う。気をつけよう。

37 仲間の困りごとは時間をかけて聞こう
―仲間を助けない仕事術は意味をなさない―

仕事術の**ポイント**

☑ 楽するためだけの仕事術はない、必要な時に時間を使うのが仕事術
☑ 同僚の先生がトラブル対応などで遅くなっている時
☑ 雑談はできる時にたくさんしよう

1 楽するためだけの仕事術はない、必要な時に時間を使うのが仕事術

「早く終わらせよう」と思うのはいいが、「早く終わらせないといけない」と思いすぎるのはよくない。大切なことを見逃してしまうからだ。仲間の教師が困っている時の手助けに、時間を惜しむようになってはならない。

　仕事が早く終わることはいいことだ。だが、手を抜いて早く終わらせたり、同僚が困っているときに、助けないで早く帰ったりするのでは意味がないということだ。

　仕事を早くする目的は、余裕をもって子どもに対応し「子どもがよくなる」ためである。手を抜いて早く仕事をしても子どもはよくはならない。また、同僚をフォローせず、仲が悪くなっても、やはり「子どもをよくする」という目的を達成できないので駄目である。

> **! 注意点**
>
> 　目的と目標の混同はよくある。私も失敗したことがある。
> 　これは仕事術を追及すると、一度は間違えてしまう事例でもあるので、留意していただきたい。

2 同僚の先生がトラブル対応などで遅くなっている時

隣のクラスの先生が保護者対応で困っている時、子ども同士の大きなトラブル対応で苦慮している時に、そそくさと帰らないようにしたい。そういう問題が起こっている時は、退勤時間がすぎても残るようにし、職員室でそれとなく話を聞きたい。

98

自分が先輩、後輩、どちらの立場かによって対応は変わるが、こういう場合は基本、残っておきたい。

自分が後輩ならば、学年の印刷物の準備をしたり、共有の置き場所を整理したりする。自分の仕事をしても、もちろんいい。トラブル対応が終わった後に、学校に同学年の先生が残っていると心強い。

先輩ならば、おいしいお菓子を用意したり、学年の仕事をどんどんとやっておいたりして待っているのがいい。そして、終わった後に「おつかれさま、どんな感じ？」などの声をかけたい。そしてたくさん話を聞きたい。

大事なのは、「いつでも味方です、うまくいかないことなんて誰にでもあります、大丈夫です」の味方サイン、仲間サインを出すことである。

> **! 注意点**
>
> 以下の二つがある。
> ① 毎回する必要はないこと
> ② 「残ってやった」感を絶対に出してはいけないこと。「大変だろうけど、大切な対応をしてくれてありがとう」の気持ちをもって接したい。

③ 雑談はできる時にたくさんしよう

最近、雑談ができない人は、子どもとうまく接することができないのではないかと思う。いつもまじめなことばかり、仕事のことばかり、大切なことばかりでは、その人の話は伝わりにくいではないかと思う。これは自戒も込めている。

仕事術を意識し過ぎて、何かを削って、仕事を早くしようとする人がいるが、雑談を削るのは避けたい。また、子どもと遊ぶ時間を削って定時退勤を狙っても意味がない。それこそ目的を間違えている。

例えば、定時退勤間際まで教室でこもって仕事をするのは考え物だ。他の先生から相談があるかもしれないからだ。私は、退勤30分前には教員室に戻り、適当に雑談をすることもある。

> **! 注意点**
>
> 自分の子供の送り迎え、介護などの問題がある場合はまた別である。そんな時は、事情を説明すれば、わかってもらえる。

こんなことに注意！　　こんな方法もあります　　＋時短のポイント

> あえて遅く帰る時がある。同僚の相談にのれなかったり、同僚が仕事の遅さについて自分を責めたりすることを防ぐためだ。もともと家でもする仕事もあるので、その仕事を学校でしながら待てばいい。特に学年主任ならばただ早く帰ることを目指すのは避けたいところである。

38 仕事は一石二鳥以上をねらう
―そのほうがテンションが上がる!!―

仕事術の**ポイント**

- ☑ 普段の授業をサークルで発表し、教材研究を多人数で行おう
- ☑ 自分の授業ネタをプレゼントして、仲間に喜んでもらおう
- ☑ 自主校内研修で今までの発表授業や原稿を紹介する

1 普段の授業をサークルで発表し、教材研究を多人数で行おう

普段の授業や参観でするような授業を自分のサークルで発表しよう。すると、いろいろな課題を指摘してもらえるので、さらに自分でも真剣にその授業を考えるようになる。すると、普段の授業がレベルアップし、また、深い教材研究につながる。

　サークル主催のセミナーで講座をした。自分が学びたい算数の基本形を扱った。基本形とは、算数の問題を解く時に、解きやすく、間違えにくくする方法のことである。

　例えば、右のかけ算は階段のようなものをつけている。これをすることで、二つ目の「54」を書く場所を間違えずにきちんと書くことができる。

　こういう型をたくさん集める講座を開き、練習会を行い、様々な代案や新たな方法を教えてもらったことで、普段の授業が格段にレベルアップした。

! 注意点

　サークルでの授業の様子を見学するだけでもいい。
　その時に相談をするといろいろと教えてもらえる。自分一人の教材研究ばかりでは大変だ。人の手も借りよう。

2 自分の授業ネタをプレゼントして、仲間に喜んでもらおう

サークルやセミナーで授業コンテンツを作ることがある。その後、それを同僚の先生にプレゼントするといい。夏休みの勉強会で1年生の国語の授業コンテンツを作って、それをプレゼントしたら、とても喜んでもらえたことがあった。

基本的にコンテンツは、追試をしやすいように、指示と発問を載せておけば、すぐに授業を真似ることができる。

渡したコンテンツ通りに使ってもらう必要はもちろんない。授業を見学するだけで、授業の流れを研究できるので、相手にとっても無駄にはならない。また、学年の仕事への貢献にもなる。そういう意味では授業ネタのプレゼントは、一石三鳥にもなる。

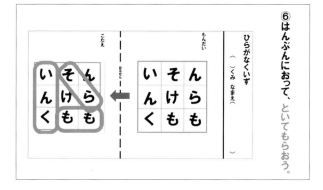

⑥はんぶんにおって、といてもらおう。

ひらがなくいず
（　くみ　なまえ　）

もんだい

いそらも
んけ
く

こたえ

いそらも
んけ
く

ひらがなくいず
ことばを さがしてね。

やかん
さしり
いぶな

---

3 自主校内研修で今までの発表授業や原稿を紹介する

校内研修に呼ばれることがある。最近は「自分の学校でもやってほしい」と頼まれる流れになっている。この時に、新たに準備をするのは大変なので、今まで行った発表の資料を提供したり、今までのものを改良して出すことで時短になる。

　20年かけて講座や原稿をたくさん書き溜めてきた。こうしたデータは、きちんと保管しておこう。

　これが溜まってくると、学校の研修会で使える。探し出してきて、提供するだけなので、準備がほぼゼロ、あるいは、途中から作り変えたり、付け足すことができる。そういうことができると、これからの発表会や自分のサークルで作るものは、数年後の自分を助けることにもつながると思えるので、よりやる気が出る。

> ⚠ **注意点**
>
> 　40歳を超えるといろいろと仕事が回ってくる。
> 　まだこれからの人もいるかもしれないが、その時に、あたふたするよりも、すぐに対応できるようにしておいたほうがいいと思うので、仕事を蓄積しておくことをお勧めする。

こんなことに注意！　　こんな方法もあります　　**＋時短のポイント**

自分の子どもにも、体育で学んだプール指導、自転車の乗り方指導も応用して教えることができる。教師の仕事は一石二鳥につながることが多い。それを喜びながらセミナーやサークル、本で学んでいきたい。

39 初めての仕事は 時間がかかって当たり前
―若い時の苦労は無駄にならない、蓄積しよう―

仕事術の**ポイント**

☑ 初めての仕事はみんなが通る道、時間がかかって当たり前

☑ 苦労してマニュアルを作れば、来年からが楽！先行投資！

☑ 乗り越えた先に創作力、調整力、忍耐力アップが待っている

1 初めての仕事はみんなが通る道、時間がかかって当たり前

「なんでこんなにも自分はできないんだ」そう思ったことはないか。私は10年以上教員をやってもそう思うことはある。若いからとか関係なく、それぞれのステージで苦労があるものだ。時間をかけてじっくりと仕事に取り組めばいい。

　教育実習生を担当した時、「僕は一時間の授業で大変なのに、先生は毎日なのですね・・・」と言われた。私は「確かに大変だけど、がんばれば何とかなるものだよ」と返した。確かに日々は大変だ、時間もかかる。しかし、がんばれば何とかなるものだ。読者の皆さんもそうであろう。

　新任の先生にも「先生は研究主任などの重い校務分掌なのに、すごくスマートに仕事をこなしていますね」と言われることがある。これには私は「確かに大変ですが、みなさんの協力でおかげでなんとかやれていますよ」と答えている。実際、楽ではないし時間もかかる。頭も悩ませる。初めての各主任の仕事は、確かに大変だが、それも数年たつと何とかなっていくものだ。

　２、３年後には仕事に慣れ、段取りが上手くなっていく。「初めさえ乗り越えれば来年は楽！」と思って仕事をしよう。必ずみんなが通る道なのだから。

2 苦労してマニュアルを作れば、来年からが楽！先行投資！

私はマニュアル作りが大好きである。それは、次回から仕事が楽になるからなのと、引継ぎもしやすいので感謝されるから。だから、大変な仕事が舞い込んだ時、最初は「大変だ」となるが「これは成長のチャンス、マニュアルも作れる！」と思うようにしている。

当然、はじめての仕事のマニュアル作りは、大変時間がかかり苦労する。作成手順はこうだ。

①とりあえず、先輩に教えてもらいながら進める。

②鉛筆などで粗くメモをする。

③メモしながら仕事をこなしていく。

④放課後か土日のどちらかにそのメモをPC上に入力する。

⑤そのデータを元に「これで仕事の漏れはないですか？」と先輩や経験者に聞く。

⑥さらにアドバイスを受けてメモを取る。

⑦これらを空いている時にきれいにまとめる。

という手順を踏んでいる。

> **!** 注意点
>
> 　初めて重たい仕事をする時の一学期の段階では、放課後はもちろん、場合によっては土日のどちらかを使うこともある。これは仕方がないことである。
>
> 　しかし、翌年同じ仕事でそのようなことはない。先行投資（マニュアル作り）をしているので、人に聞かずにほとんどの仕事が進むからだ。

3 **乗り越えた先に創作力、調整力、忍耐力アップが待っている**

通常は教務部が5、6人集まってする仕事を教務主任の自分一人で行ったうえに、調子にのりすぎて担任までも受け持った時は、本当に仕事が嫌になった。二度とやらないが、あれを乗り越えたからレベルが上がったというのは間違いなく言える。

あの時以上の仕事量を今でもこなしたことがない。「あの大変さを乗り越えたから自分はレベルアップできたんだ」という思いと「今の仕事はあれ以上の厄介さではない、まだまだいけるよ」と自分を鼓舞することがある。

もし、自分の仕事が大変な場合、そういう考えを持てるチャンスだと思ってみたらどうだろうか。仕事が遅い時はあろうが、仕事術を学べば必ず早くなる。少しずつがんばろう。

> **!** 注意点
>
> 　これはどうしても大変な仕事をかかえた時のマインドをプラスに考える心構えの提案である。しかし、いつもこのような思いばかり持っていては辛くなる。

こんなことに注意！　　こんな方法もあります　　→時短のポイント

「①その仕事を一度経験している、②仕事術を身につけている（マニュアルがあるから他の雑務のスピードが上がる）」この二つがあると仕事が早くなる。初めての時は苦労するし、定時退勤はできないかもしれないが、気にしなくていい。これは通る道なのである。

自分を休ませるゆとりを持とう
―定期的に休まないと仕事ははかどらない―

仕事術の**ポイント**

- ☑ **休むことも大事。計画的に入れよう**
- ☑ **足裏マッサージタイムや一人時間をつくる**
- ☑ **定期的に自分へのご褒美をしよう**

1 休むことも大事。計画的に入れよう

ガムシャラにする時期も大事だが、教師の仕事は長い。続けて努力できるように、意図的に休みも入れないといけない。私は、自分に癒しタイムやご褒美を意図的に設定して自分で自分の回復に努めている。

　どれだけ仕事術を会得しようが、疲れる時は疲れるのは間違いない。だから、週に一回は仕事を早く切り上げたり、早く寝る日をつくる。

　土曜日は、ゆっくりと起きるようにするなどの休息を計画的に入れる。気がのらない曜日がもしあるならば、その曜日は仕事の量を軽めにしたり、仕事の質を簡単なものにしたりするなどの工夫もあっていいだろう。

> **! 注意点**
>
> それでも仕事がはかどらない時は、その仕事は後に回しにする。そのために、締め切り一週間前に終わるように設定しているのだ。そうして、気分が回復するのを待つことがあってもよい。

2 足裏マッサージタイムや一人時間をつくる

定期的に整骨院に行っている。さらに、三カ月に一度は足裏マッサージに行っている。週に一回、教材研究タイムを取って、喫茶店などで仕事をして遅く帰る日がある。その時に美味しいものを食べる時間を時にはつくっている。癒しタイムを意図的につくろう。

体を癒さないと、やはり心は整ってこない。体を休める時間が必要だ。ストレッチでもなんでもいいが、自分をいたわる時間を取ろう。足裏マッサージは4月初めの一週目とゴールデンウィーク明けにいつも行って、その後は三か月に一度ぐらい、自分へのご褒美として行っている。

自分は気分を変えると仕事ができるタイプだと思うので、喫茶店で教材研究や一週間の予定を立てる時に美味しいものを少し食べると癒される。

! 注意点

本当に忙しい時は回数が減ることがあるが、計画的にすれば、休憩タイムは必ずつくれるし、つくらないといけない。

ガムシャラにやるとコストパフォーマンスが落ちる。

休むのも仕事の一つだと思っている。

3　定期的に自分へのご褒美をしよう

月曜日はいろいろと疲れることが多い。だから、私はワインを買って帰る。駅前でおいしいミネストローネの缶スープや、生ハムを見つけて買って帰ることもある。このようなちょっとした自分へのご褒美をするとやる気が出る。

食べ物系のご褒美は自分のおこづかいの範囲で、小ご褒美として普段行っているが、大ご褒美も必要である。

私にはお気に入りの懐石料理の店があり、ゴールデンウイーク明けには、必ず行くようにしている。こうして「しんどいし、いろいろとあるけど、がんばって乗り切って、あの店に行こう」というモチベーションをつくっている。

こんなことに注意！　こんな方法もあります　＋時短のポイント

きちんと家のことも、そして、学校の仕事もきちんとしたうえでの癒しタイムである。
そういうことをせずに、ただただ癒しタイムを取っていると誰かから怒られる（笑）。
しかし、自分の機嫌は自分で取るのが大事で、それをしないとストレスが溜まりまくる。

地域、学校によって全然違う！柔軟に対応しよう

―どんな状況でも対応できるようになろう―

仕事術の**ポイント**

☑ **O市とM市の違いから取捨選択力がついた**

☑ **勤務地の制度次第で、主任の仕事の中身が変わることを学ぶ**

☑ **学校、学年、先生による考え方の違いに順応しよう**

1 O市とM市の違いから取捨選択力がついた

O市からM市に勤務校が変わったが、出退勤の仕方から通知表の作成方法まで全く違う。順応するのに時間がかかったが、そのおかげで違う角度からの仕事の仕方を知った。また、こだわっていたものがそうでもないことにも気がつき、柔軟性や取捨選択力がついた。

ここで言いたいことは「長いこと仕事をやっていると、仕事の仕方にこだわりや固定観念がついてしまうが、それを相手が嫌がったり、困ったりしていることがある。だから、時にはそれをくずして、柔軟に対応するのがいい」ということだ。

経験を重ねていったら、時に相手の土俵で仕事をしていくのも大切だと思う。その方が相手も喜ぶ。

ベテランの先生と組んだ時は、そのやり方でやればいいし、若手の先生と組んだ時は、その先生のやり方でもいいのである。この方法じゃないといけないと固執すると大人も子ども疲れていく。仕事術力がついてきたらそういうことも考えてほしい。

> **！ 注意点**
>
> 相手の意見が特になければ、こちらのやり方を示していけばいい。
>
> 人によって、仕事のやり方を柔軟に変えるということが言いたいのである。

2 勤務地の制度次第で、主任の仕事の中身が変わることを学ぶ

教務主任が担任を持つ地域と持たない地域では、仕事の内容が全く違う。担任を持つ方は教務の仕事量は軽く、担任を持たない方はその分、教務の仕事量が多い。制度によって、仕事の進め方、確認の取り方が違うことを異動してから学んだ。

生活指導主任についても同様に感じた。Ｏ市では、生活指導主任は担任と兼務する。ということは、全てのトラブルに関わる余裕がなくなってしまう。ゆえに、軽微なトラブルでは、生活指導主任ではなくて、学年主任に相談し、対応が終わった後にその内容を報告するのが通例である。

しかし、M市では、生活指導主任は担任を兼務しない。そのために、時間があればどの学年の細かなことに対しても関わってくれるので、学年主任を通さずにトラブル対応が進むのである。人員の数やシステムによってここまで違うのかと、大変面くらった。

16年間もＯ市で勤務していたので、この違いに慣れるのには大変時間がかかった。

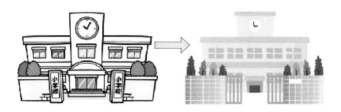

<hr>

③　学校、学年、先生による考え方の違いに順応しよう

考え方は人によって違う。昔は、それで争ったこともあったが、最近は子どもに直接関係ないことは争わないで合わせている。例えば、昔は夏休み前に教室の後ろに貼ってある掲示物を全て外すようにいわれたが、今は、そのままのところが多いのでそれに合わせている。

掲示物を外す理由は、当時、日にあたると作品が痛むと言われたからだ。しかし、カーテンをすれば日にあたることもない（当時は先輩の言うことなので従っていた）。

子どもの工作などの作品も、学期ごとに返すところと、一年間預かって、三学期末に返すところという違いがあった。作品袋の購入の有無によっても変わるが、これはどちらでもいいことなので、学年主任の意見に合わせてきた。

懇談会の時に、「懇談の時程」を貼りだす学校が多かったが、今の学校ではその習慣はない。教師が時間さえ守ればいい話なので、それも貼らないことにしている。

いろいろな考え方があるが、よほどのことがない限り、今は学校の意見に合わせている。特に２０代のうちはそうした方がいいと思う。

こんなことに注意！　　こんな方法もあります　　時短のポイント

仕事術の観点からは、状況に順応することをお勧めする。しかし、学習面や生活面で子どもにマイナスとなるような決めごとなどでは、争うのではなく意見は言いたい。「こういう理由で○○の方がいいと思いますが」と言うのも大切である。

仕事が早いのは校務分掌が軽いから?

―調子にのってはいけない、30代後半からが勝負―

仕事術の**ポイント**

☑ **校務分掌が軽いうちに、慢心せず学級経営力を高めよう**

☑ **力量を上げないと30代後半からの仕事に耐えられなくなることも**

☑ **仕事が多くても偉いわけではない、ただただ謙虚にいこう**

1 校務分掌が軽いうちに、慢心せず学級経営力を高めよう

若手の先生は、まずは学級をしっかりと作ってほしいという願いから、比較的軽めの主任や仕事をあてられることが多い。だから、その仕事はしっかりとできるようになってほしい。ただし、その仕事ができるぐらいで満足したり、慢心してはいけない。

　私の初めの校務分掌は、視聴覚主任だった。

　1年目にしては少し重めの仕事だと思うが、ベテランの先輩がフォローしてくれた。先輩に聞きながら、一生懸命やった。

　学級は5年生だった。いきなりの高学年で苦しく大変だったが、なんとか乗り切ることができた。

　それから2、3年経つとさすがに学級づくりや視聴覚主任の仕事も慣れてきて「俺も結構仕事ができてるなあ」と思った。そして、ある時、運動会の団体演技の放送を止めてしまうという大失敗をしたのである。これは事前のチェック不足が原因だった。

　「慢心したらいけない」と強く痛感した出来事である。

> **! 注意点**
>
> 　今思えば、たくさんの先生に助けられてやってきた。
>
> 　感謝の気持ちが足りなかったから慢心をしたのである。
>
> 　調子にのらずに、校務分掌の仕事と学級経営をがんばってほしい。

2 力量を上げないと30代後半からの仕事に耐えられなくなることも

生活指導主任、研究主任、体育主任、教務主任は特に重たい校務分掌である。これらの分掌を持つようになったら、頼りにされていると考えてよい。しかし、これらの仕事は、簡単なものではなく時間もかかる。普段の仕事術を高めておかないと定時退勤は厳しくなる。

2校目に赴任した時に、研究主任を担当した。紀要を作ったり、講師の先生を呼んだり、自主校内研修を開いたりと、とても大変だった。それまでの視聴覚主任とは大変さの質が違った。いろいろな人との調整が大変なのである。また、多くの人が関わるから、自分のペースで仕事がしにくいのも大変さの要因の一つである。

さらに、これに加えて学級の方は前年に荒れていたところを受け持つことが多くなってきた。

昔から勉強会で授業や学級経営について学んできていたし、いろいろな仕事術を少しずつ身につけていたので、なんとかこなすことはできた。定時退勤はなかなかできなかったが、18時までには帰れていた。これで、もし仕事術を身に着けていなかったら本当にどうなっていたのかと思う。若い間に力量を高めていく必要性を感じる。

> **(!) 注意点**
>
> 仕事から逃げることもできた。しかし、当時のベテラン先生が頑張ってくれていたから20代の時になんとかやれたのである。
>
> 家庭の事情がない限り、仕事から逃げたくないものだ。

③ 仕事が多くても偉いわけではない、ただただ謙虚にいこう

30代以降、重い仕事をするようになった。30代後半からは重い仕事を持っても定時退勤ができるようになった。そこで起こることは「慢心がまた生まれる」である。絶対によくない。周囲の人が働きにくくなり、子どもにも悪影響が出る。

30歳で教務主任を担当した。O市は担任と教務主任は兼任しない。教務主任の仕事が多く設定されているからだ。しかし、私は何を勘違いしたのか「担任をはずれたくないので、担任を持ちながらやります」と校長に言ってしまった。週に7時間ほど教務主任の仕事をするための空き時間をもらったが、それでも大変だった。夏休みまでは帰るのは連日21時になった。4月は休みの日も出勤しないと仕事が回らなかった。

そこで、どんどんイライラが溜まった。また、自分はこれだけ仕事をしているという驕りも持ってしまったのもよくなかった。周りの先生との関係も悪くなるし、子どもたちにも偉そうに接していたと思う。ここでの深い反省は「いくら仕事をしようが、だからどうした」である。謙虚に人と接していくのが大切である。

こんなことに注意！　　こんな方法もあります　　＋時短のポイント

> 仕事ができるようになった時こそが注意である。とにかく謙虚に学んでいくことである。私は25歳前後、30歳前後、40歳前後が調子にのってしまう時期だと思っている。それ以外の時期もあるかもしれないが、とにかく調子にのらずに、仕事を進めていって頂きたい。

《本書のデータについて》

　本書の各データの著作権並びにその内容は著者に帰属します。利用は私的な目的に限り、転載および第三者への配布、販売はこれを禁じます。なお、各データのダウンロードや表示方法はお使いの機器によって異なります。また、新たにアプリやソフトが必要な場合もあります。

　本書の各データは学事出版のホームページからもご覧になることができます。

https://www.gakuji.co.jp/news/n103721.html

※各データは著者から提供されたものをそのまま掲載しています。

　新任の時は、とにかく仕事術を学びまくった。セミナーで発表の機会をもらった時は、仕事術をテーマとしたものをよく行った。そして、さまざまな先生から代案、意見をもらった。

　学んで思ったことは、できる先生でも仕事術の説明はあまりうまくないということだ。「なるほど、感覚でやっている」と感じた。

　これは、「仕事術が苦手な代表の私がするしかない」と思った。

　そうこう発表したり、研究したりすると、時に「仕事術の山本」と呼ばれるようになった（笑）。学級をよくするのが本分の小学校教師である。嬉しい呼び名ではないが、懸命に仕事術を勉強した証と考えている。

　しかし、なんでもそうだが、突き詰めてやっていくと弊害も生まれる。

　仕事を早くすることを目的としてしまうのだ。

　それはだめだ。

　この仕事術の本は、そういう仕事術を極めようとしていくことの弊害についても書いている、非常に珍しい本である。

　とにかく、皆様の役に立ってほしいという願いから書いた。

　真剣に勉強し、身につけると最近巷で言われている「教師は仕事量が多すぎてブラックだ」という言葉に対して「そうかなあ、ブラックかなあ。小学校においては、むしろホワイトだ、いやゴールドだ」と思う。

　みなさまもそう思って頂ければ幸いである。

　最後に、本書は学事出版三上直樹氏の多大なるアドバイス、お気遣いの言葉によって、作成することができた。心の底より感謝申し上げる。初任の私に送りたかった本がついに完成した。ありがたいことである。

令和 5 年10月　　**山本東矢**

■著者

山本 東矢 (やまもと はるや)

1978年 兵庫県生まれ
四天王寺大学卒業後、大阪市内小学校に勤務
現在、大阪府箕面市立西南小学校勤務
単著に『道徳を核にする学級経営』『最高のクラスになる！学級経営365日の
タイムスケジュール表』『あなたのクラスで楽しさ爆発！山本東矢の仲間づく
り学級ゲーム50』『学級がどんどんよくなるプチ道徳GAME』（いずれも学芸
みらい社）がある。
TOSS大阪みなみHP：https://yamamoto111-toss-minami.jimdo.com/

■イラスト

宮下やすこ
■装丁

島田利之 (株式会社シーツデザイン)
■協力

狩生有希 (株式会社桂樹社グループ)

その微差で決まる！
教師の超効率的仕事術

2023年12月10日　初版第1刷発行

著　者　山本東矢
発行者　安部英行
発行所　学事出版株式会社
　　　　〒101-0051　東京都千代田区神田神保町1-2-5
　　　　電話03-3518-9655
　　　　HPアドレス　https://www.gakuji.co.jp

デザイン　　　　株式会社明昌堂
印刷・製本　　　研友社印刷株式会社